말씀을 실천하는
참된 십일조 부자

말씀을 실천하는
참된 십일조 부자

이성준 지음

강같은평화

추천의 말 ●●●

재물은 하나님의 선물입니다

고명진 목사 | 수원중앙침례교회 담임

  말씀을 실천하는 참된 부자. 성경에는 재물 문제 뿐 아니라 인생의 모든 전반에 관한 해결책이 있음은 틀림없습니다. 자녀교육, 부부관계, 비전, 성공 등 희망과 절망을 다스리고 관리하는 방법은 성경에 충분한 답이 있습니다. 이 중에서도 재물의 문제는 신앙을 흠집을 내고 현실을 부정하게 하는 가장 무서운 적이라는 것을 부인할 수 없습니다. 때문에 예수님도 재물에 관해서는 적지 않게 경고의 말씀을 하십니다. 저 또한 경제학을 전공한 목회자로서 재물의 문제가 얼마나 많이 성도들의 생활을 도탄에 빠뜨릴 수 있는지 수없이 보아왔습니다. 오죽했으면 재물과 하나님을 동시에 섬길 수 없다는 예수님의 말씀이 모든 크리스천에게 있어 불문율처럼 삶에 강력한 영향을 미치겠습니까?

  가상한 것은 이 책은 재물이 신앙을 파괴하는 음역의 역할을 강조하는 것이 아니라 성경대로 하면 재물도 복일 수 있음을 강조하고 있다는 것입니다. 작가가 경험한 수많은 강연과 상담 그리고 칼럼을 통해 보여주는 사례는 생생히 살아서 독자가 마치 자신의 경우를 읽는 듯한 착각을 일으키게 합니다. 그러한 사례를 통해 저자는 열등한 금융 지식과 무관심한 마음으로 무장한 우리 시대의 크리스천과 재물을 버는 것이 죄악인지 복인지를 구분하지 못하는 연약함에 빠진 자들을 충분히 자극하고 있습니다.

  재물은 하나님의 선물입니다. '부자가 천국에 가는 것이 낙타가 바늘귀를 통과하는 것보다 어렵다'는 말씀에 주의를 게을리하지 않는 것도 중요하지만 성경에는 바늘귀를 통과한 낙타와 같은 부자가 의외로 많다는 것에도 도전을 받아야 합니다. 자손을 셀 수 없는 아브라함, 100배의 수확을 경험한 이삭, 목축업으로 부를 이룬 야곱 그리고 노예로 시작하여 가장 대국의 재상을 지낸 요셉. 이들은 모두 성경으로 부를 이룬 영웅들이며 부가 하나님이 주신 복이라는 것을 증명한 자들입니다.

정말 중요한 것은 재물의 크기가 아니라 그 재물을 사용하는 방법에 대하여 어떻게 신앙적 기준을 소유하느냐 하는 것이 크리스천의 재물에 대한 고민이 되어야 합니다. 믿음으로 받는 재물, 하나님이 허락하시는 사업 그리고 성경의 기준으로 일으키는 부. 이렇게 이룬 부는 당연히 하나님의 이름을 높이고 크리스천으로서 자존감을 일으키는 수단으로 사용될 것입니다.

이 책은 성경이 정의하는 재물의 기준과 어떻게 부를 이루어가야 할지를 조언하고 있습니다. 수많은 재산을 이룰 것을 도전하는 것이 아니라 진정 성경적 부자의 기준에 도전하는 이 책은, 세밀한 성경의 적용과 더불어 현세를 사는 이 땅의 모든 크리스천의 삶에 도전을 줄 것으로 기대합니다.

끝으로 크리스천의 재정 문제에 대한 남다른 관심을 품고 지속적인 전파를 감당하고 있는 작가의 열정에 박수와 애정을 보내며 더욱 큰 발전을 도전하는 삶이 되기를 축복합니다.

추천의 말 ●●●

진정한 성경적 부의 기준

장명희 | 한국산업은행 개인금융영업단장

　업무상 거액 자산가들과 접촉합니다. 그들이 소유하고 있는 자산의 크기는 때로는 일반 서민들이 가지고 있는 상상의 범위를 넘어서는 경우를 종종 봅니다. 고객을 대하는 입장에서 더욱 놀라운 것은 단순히 그들이 가지고 있는 자산의 크기보다 그 이면에 숨어 있는 삶의 깊이입니다. 부를 형성하는 과정에서 겪었던 고통과 질곡의 크기는 부를 단순히 행운으로 얻은 것이 아니라 각고의 노력으로 형성된 산물이라는 것을 증명합니다.

　때문에 자산의 증식을 책임지고 있는 사람으로서 부담이 될 수밖에 없습니다. 피와 땀으로 일군 자산을 어찌 가벼이 여길 수 있겠습니까? 그것은 단순한 돈의 문제를 넘어서 모든 인생의 노력이 압축되어 있기 때문입니다.

　그러나 안타까운 것은 자신의 자산에 적절한 가치를 정시하지 못한다는 것입니다. 어디에 투자해서 얼마의 수익을 낼 수 있는지에 관한 자산의 변동은 고양이 수염 같은 예민함으로 관찰하지만 정작 그 자산을 어떻게 사용하고 무엇을 위해 모아야 할지는 내가 할 일이 아니라는 것입니다. '이 돈을 어떻게 불리면 좋을까요?' 묻는 사람은 있어도 '그 누구도 어디에다 사용해야 할까요?' 묻는 사람은 없었습니다.

　그런 면에서 이 책은 부를 어떻게 사용해야 하는지 전달하고 있다는 점에서 돋보입니다. 이것은 매우 중요한 돈의 가치관입니다. 단순히 '많이'에 집착하는 수준을 넘어서 자산가들이 관심을 보일 만한 영역입니다. 본문에 삽입된 '악착 같이 벌어서 악착 같이 기부한다'는 중국의 한 영화배우의 고백은 이러한 이유로 감동을 전달합니다.

또한 이 책은 부의 사회 실천력을 성경을 통해 풀고자 노력합니다. 사랑과 하나님의 의지를 기반으로 한 재물은 오직 성경의 기준에서만 완전해질 수 있다는 점을 강조합니다. 개인적으로 수십 년간 금융업에 종사한 사람으로서, 그리고 크리스천으로서 하나님이 보시는 돈에 대한 시각을 풀어낸 책은 많이 보지 못했습니다. 이 책이 값진 것은 크리스천, 나아가 경제활동에 참여하는 모든 사람들에게 삶의 밀도를 높일 것을 주문하고 있다고 하겠습니다.

나는 저자를 잘 알고 있습니다. 15년 전 총명한 눈빛으로 성경 공부에 매진하던 모습이 이후 이처럼 문서사역을 감당하게 될 전조였음을 이제야 알게 되었습니다. 그의 열정은 세상에서 한 일원으로 살아가지만 여전히 약자로 분류되고 마는 크리스천들에게 재물의 올바른 사용과 진정한 성경적 부의 기준을 제시하는 역할에 충실하게 될 것이라 믿습니다.

차례

추천사

프롤로그 | 성경적 기준으로 잘 벌고 잘 쓰는 법 ——— 10

Chapter 1 부자는 축복의 재정을 준비한다 ——— 15
  백배의 부자에 도전하라 | 복과 부의 등식 | 부를 쌓을 창고를 지으라 | 말씀으로 부를 정의하라 | 망령된 부자 | 발람의 탐욕 | 부자가 되는 가장 빠른 길 | 부자의 열쇠, 십일조 | 실패를 이기는 믿음

Chapter 2 부자는 부의 원천인 지혜를 준비한다 ——— 81
  성공에 이르는 방법 | 부의 원천, 지혜를 확보하다 | 부의 기준을 변경하라 | 지혜의 여인, 라합

Chapter 3 부자는 자녀로 기업을 이을 준비한다 ——— 113
  기업을 서원하라 | 기업을 이으라 | 민족을 세운, 요게벳 | 부자의 기업, 자녀를 양육하라

Chapter 4   부자는 지위를 올바르게 활용한다 ——— 145
　　　　　모르드개가 이룬, 부 | 복의 장자권을 사다

Chapter 5   부자는 명예의 가치를 전달한다 ——— 162
　　　　　가난과 부의 초점 | 영적 부자 | 요셉의 삶, 요셉의 명예

Chapter 6   부자는 사역의 기쁨을 나누는 사람이다 ——— 187
　　　　　누가의 다른 이름, 사역자 | 루디아는 포목 장수였다 |
　　　　　드리는 사업 | 사역으로 부를 이룬 자, 입다

Chapter 7   부자는 나눔이 주는 능력을 안다 ——— 219
　　　　　백부장처럼 하라 | 부자 청년의 딜레마 벗어나기 | 삭개
　　　　　오의 재물

부록|　　하나님이 주신 재물, 관리하기 ——— 244

프롤로그 • • •

성경적 기준으로 잘 벌고 잘 쓰는 법
– 인생을 변화시킬 부자 패러다임의 전환 –

성경 안에서 부富를 정의하는 것은 쉬운 것이 아니다. 부를 단지 돈, 재물로만 한정할 경우 세상의 가치 기준과 다르지 않고 또한 설득력이 떨어진다.

부란 무엇인가? 부는 그 정의가 무엇이든지 간에 풍요에 그 가치 기반을 두고 있다. 부족함이 없고 생활에서 만족을 누리게 하는 것이 부의 궁극적인 용도라 할 것이다.

그것에 가장 부합한 기능을 지닌 것이 바로 돈이며 재물이다. 재물은 곧 편리함과 풍요를 상징하며, 재물과 동일시하는 것이 관례다. 부자란 곧 돈이 많다는 것에 대한 정의라고 해도 큰 이의가 없다.

그렇다면 그리스도인의 부도 동일하게 돈의 크기로 정의해야 할까? 그리스도인도 열심히 일해서 돈을 많이 버는 것에만 인생을 도전해야 할 것인가?

그리스도인의 삶은 세상 사람들의 삶의 가치 기준과는 그 궤를 달리한다. 그리스도인의 삶은 육체적 한계성을 기반으로 하여 영생을 좇아가며 살아간다. 주어진 인생의 기간 동안 반드시 획득해야 하는 것은 영생이다. 그리스도인은 인생의 최종 목표, 천국을 얻는 것에 성공한 자를 부자라 할 것이다.

그렇다하더라도 그리스도인에게 재물은 역시 중요하다. 하나님은 아담에게 세상을 다스릴 권한과 지혜를 주셨다. 이미 하나님의 자녀인 그리스도인은 하나님에게서 엄청난 부를 물려받은 셈이다. 또한 재물은 그리스도인에게 매우 중요한, 세상을 사는 도구임을 부인할 수 없다. 문제는 이 어울릴 수 없는 '돈'과 '영생'이라는 양면성을 어떻게 잘 조합하고 정립하는가에 따라 인생의 성공 여부가 달려 있다고 할 수 있다.

지금까지 재물에 관한 기독 서적은 저마다 차별성을 주장하지만 비껴가지 못하는 공통분모가 있는데 그것은 성경, 즉 하나님의 방법대로 재물을 모아야 한다는 것에 있다. 이것에서 크게 벗어나지 않는다. 마치 십일조가 하나님의 것으로 인정되어지고 다시 하나님의 선하신 의지를 빌려오는 연결점임을 말하는 것과 같다.

재물의 복을 주시는 권한은 오직 하나님께 있다. 하나님은 성경을 통해 부를 이룰 수 있는 방법을 분명히 제시하고 계신다. 그리고 그것은 오직 하나이다.

먼저 그의 나라와 그의 의를 구하라 _마 6:33

이것이 성경이 말하는 부의 대원칙이다. 하나님을 기쁘게 하는 일, 하나님을 영화롭게 하는 일, 이것에 충실할 때 하나님은 내 일을 책임지신다. 바로 영생을 추구하는 삶을 의미한다.

즉, 영생을 목적하는 삶이 부자를 정의한다. 그리스도인이 부를 이룰 수 있는 유일한 방법인 것이다. 이것을 깨닫는 자는 부자가 되었으며, 이 비

프롤로그 • • •

밀을 풀지 못한 자는 세상 사람들과 동일하게 돈을 목표로 살지만 여전히 궁핍한 삶을 이어간다.

다음으로 부를 이루는 방법은 '잘 쓰는 것'이다. 재물은 증식이라는 속성을 포함하고 있기에 모으고 아끼는 것이 부를 이루는 가장 기본적인 방법이다. 따라서 사용해야 부자가 된다는 논리는 세상의 이치를 거스르는 것이요 증식의 속성을 배반하는 말과 같다.

그러나 이것은 진리이다. 그리스도인이 목표하는 것은 육신의 한계에 머물지 않는다. 그리스도인의 최종 목표는 천국을 소유하는 것, '하늘에서 이룬 것 같이 땅에서도 이루어지는' 데 목적이 있다고 하였다. 따라서 재물의 사용은 영생을 확보하는 실천적인 인자로서 그 가치가 있다. '재물을 잘 쓰는 것'이 하늘의 비밀이며 그리스도인에게만 주어진 축복이다.

'잘 쓴다는 것'은 단순한 소비를 의미하지 않는다. 선교하며 가난한 자를 구휼하고 연약한 자를 돌아보는 등 하나님의 이름을 높이는 데 사용해야 함을 의미한다. 그리스도인이 부를 이루지 못하는 것은 바로 이 '사용하는 방법'을 정확히 정의하지 못하기 때문이기도 하다. 남에게 피해를 주며 재물을 모으고, 쾌락을 위한 재물의 소모는 분명히 '참된 부자'의 참모습과 거리가 있는 것이다.

스스럼없이 지위를 이용하여 부적절한 재물을 취하는 것은, 신앙과 도덕이 올바른 기준을 세우지 못한 탓이다. 게다가 관행에 익숙한 나머지 그 뇌물의 일부를 헌금으로 드리는 현실이기도 하다. 이와 같은 경우는, 부를 이루는 것에 대한 정의가 없기 때문이다.

그리스도인이 부를 이루는 방법은 다양하다. 그 중에 중요한 한 부분이 재물일 뿐, 부의 전부라고 할 수 없다. 그것이 지위, 명예, 재물 그리고 기업 등 하나님의 이름을 높이는 것에 자신을 사용한다면 그것이 무엇이든지 간에 모두 부자라 정의할 수 있다.

이 책은 '돈이 많음'을 '부자'라고 정의하지 않는다. 재물을 모아야 한다는 선동적 의지도 이야기하지 않는다. 아무리 재물이 많아도 쾌락에 동원되는 재물이라면 그것은 성경이 말하는 진정한 부가 아니다. 반면 재물이 부족하여 시시때때로 삶이 고단할지라도 그 속에 하나님과 그 이름을 높이는 의지가 있다면 그는 부자이다.

"오늘 밤 네 생명을 앗아가면…"

예수님은 돈이 많아 즐거운 고민에 빠져 있는 우리에게 질문을 던진다.

"오늘 밤 네 목숨을 앗아가면 그 재물은 뉘 것이 되겠느냐?"

그리스도인이 추구하는 부의 진중성이 여기에 있다. 사라질 것을 투자하여 영원한 가치를 얻는 것, 이것이야말로 참된 부를 이루는 아름다운 비결이다.

진정한 부를 이루는 방법은 이미 성경에 있다. 이제 올바른 성경적 기준으로 잘 벌고 잘 쓰는 법, 그것을 여러분과 공유하고자 한다.

에덴은 이미 그리스도인에게 부의 조건으로 주어졌다. 그 부를 얻는 것은 오직 하나님의 방법에 있음을 알고 그 진리를 실천하여 세상에서 승리하는 부자가 되기를 희망한다.

저자 이성준

Chapter 1

부자는 축복의 재정을 준비한다

- 백배의 부자에 도전하라
- 복과 부의 등식
- 부를 쌓을 창고를 지으라
- 말씀으로 부를 정의하라
- 망령된 부자
- 발람의 탐욕
- 부자가 되는 가장 빠른 길
- 부자의 열쇠, 십일조
- 실패를 이기는 믿음

백배의 부자에 도전하라

> 이삭이 그 땅에서 농사하여 그 해에 백배나 얻었고 여호와께서 복을 주시므로 그 사람이 창대하고 왕성하여 마침내 거부가 되어
>
> _창 26:12-13

성경에는 '웃음'이라는 이름으로 인생을 시작한 사람이 나온다. 백 세가 넘은 노부부가 아이를 주겠다는 하나님의 말씀을 듣고는 '자기가 어떻게' 라는 생각에 '피식' 웃음을 흘리고 난 아들이었기에 그랬다. 그렇게 특별함을 경험하며 태어나서 그런지 그는 재정에 있어서도 세상에서는 찾아보기 힘든 높은 수익률로 상식을 뛰어넘는 엄청난 부자가 되었다. 그가 바로 아브라함의 아들이자 백배의 수확을 얻으며 큰 복을 받았던 이삭이다.

청소년기에 그는 하나님께서 아버지 아브라함의 믿음을 시험하는 도

구로서 모리아 산에서 제물이 되어 생명이 위협받는 시험까지 굳건히 이겨내기도 했다.

이것으로 아브라함은 '네 씨로 말미암아 천하 만민이 복을 받으리라' 라는 약속을 받았다. 아브라함의 시험은 동시에 이삭의 시험이었고, 아버지가 통과한 시험의 결과는 아들 이삭에게도 동일하게 나타났다. 하나님은 흉년을 피해 그랄 땅에 머물러 있는 이삭에게 아버지 아브라함에게 말씀하신 것과 같은 언약을 주신 것이다.

이 땅에 거류하면 내가 너와 함께 있어 네게 복을 주고 내가 이 모든 땅을 너와 네 자손에게 주리라 내가 네 아버지 아브라함에게 맹세한 것을 이루어 네 자손을 하늘의 별과 같이 번성하게 하며 이 모든 땅을 네 자손에게 주리니 네 자손으로 말미암아 천하 만민이 복을 받으리라 _창 26:3-4

내 말을 순종하고 내 명령과 내 계명과 내 율례와 내 법도를 지켰음이라 하시니라 _5절 중

이런 점에서 보면 이삭이 백배의 수확을 얻었다는 것은 이해할 만하다. 하지만 생각처럼 백배의 수확은 결코 작은 것이 아니다. 우선 백배는 수익의 가장 큰 수로 쓰이는 표현이기에 백배의 소출은 엄청

난 것이다.

> 여호와께서 그 백성을 지금보다 백 배나 더하시기를 원하나이다
> 대상 21:3

> 어떤 것은 백 배, 어떤 것은 육십 배, 어떤 것은 삼십 배의 결실을 하였느니라 _마 13:8
> 자식과 전토를 백 배나 받되 _막 10:30

이것은 얻을 수 있는 최고의 것을 획득했음을 설명한다. 그러나 다양한 투자 기법과 투자처가 개발되어 있을지라도 문자 그대로 '백' 배의 수익을 얻는다는 것은 절대 쉬운 일이 아니다. 그것도 일 년에 확보한다는 것은 도저히 있을 수 없는 일이다. 너무나 황당한 수치라 오히려 누가 이것을 실현하였다고 한다면 올바르지 못한 방법을 동원한 것은 아닌지 의심해 봐야 하는 정도다.

만약 백만 원을 투자하였다면 그것의 10,000%, 즉 일억 원을 얻었다는 것인데, 요즘 일 년 평균 투자 수익률이 10~15% 정도인 점을 감안한다면 얼마나 큰 수익률 수치인지 알 수 있다. 누가 이 수치를 얻을 수 있겠는가?

▍이삭과 조지 소로스의 투자 수익률

투자의 귀재라고 불리는 조지 소로스는 현대의 금융 경제에 있어 빼놓을 수 없는 인물이다. 그가 투자한 곳은 어김없이 이익이 나기에 전 세계의 이목이 그의 투자 방향에 주목할 정도이다. 심지어 IMF 시절, 우리나라 정부는 위기를 극복하기 위해 그에게 조언을 구하기도 했었다.

헝가리에서 태어난 유태인인 그가 펀드 매니저로 유명해진 것은 1992년, 영국 화폐인 파운드화의 폭락 시기였다. 돈의 가치가 20%나 하락한 시점에 무명의 소로스는 이를 대량 투매해 단 며칠 사이 무려 10억 달러를 벌어 들였다.

'영국 중앙 은행을 턴 사나이' 라는 별명을 얻으며, 투자 회사를 차린 그는 1974년부터 매년 17.5%, 27.6% 그리고 61.9%의 놀라운 성장률을

INTO

이삭의 용기와 개척정신, 인내

이삭이 받은 백배의 축복은 무엇보다 하나님이 축복해 주셨기 때문이다. 우리는 하나님이 복을 내려 주시지 않으면 큰 성공을 얻을 수 없다. 그렇다고 이삭이 가만히 앉아서 백배의 수입을 올린 것은 아니었다. 그는 열심히 일한 사람이었다. 우물을 파고자 했던 신념과 용기, 변혁을 꿈꾸며 도전한 의지의 사람이었다. 블레셋 사람들에게 자신이 판 우물을 빼앗겼어도 또 다시 다른 곳에서 우물을 판 사람! 이런 그이기에 더 큰 성공을 거둔 것이다.

보였다. 더욱이 1979년에는 55%, 1980년에는 무려 102%라는 경이로운 고속 성장을 기록하였다. 사람들은 소로스를 연호하기 시작했다.

이런 소로스와 비교한다면, 이삭은 더 큰 환호를 받아야 마땅하다. 왜냐하면 소로스가 금융으로 수익을 올렸다면 이삭은 농사로 그 엄청난 수익을 확보하였기 때문이다.

본래 이삭이 아버지 아브라함 때부터 보고 배운 것은 유목 생활이었으며 농사가 아니었다. 농사는 가인과 노아에 이어 세 번째로 나타나는 족장시대 농경 생활상이었다. 이들은 주로 유목을 통하여 옮겨 다니며 가축을 기르는 것이 주 생활의 패턴이었다. 따라서 가축의 목마름을 해소할 수 있는 우물을 파는 것은 생명과 직결하는 일이었다.

일정한 땅을 점유하여 가축을 먹이고 자식을 키우는 유랑생활은 항상 예민한 삶을 살게 한다. 자신을 지켜줄 고정된 방어방도 없으며, 어느 족속이 쳐들어와 가축과 가족을 앗아갈지 걱정해야 하고, 어느 곳에 가야 좀 더 싱싱한 풀과 물을 먹고 마실 수 있는지 염려하는 것이 유랑생활이었다. 그런 유랑생활을 하던 이삭에게 농사는 한 축으로 이어 생각할 수 있는 것이 아니었다. 그런데도 이삭이 첫 농사를 통하여 백배의 소출을 얻었다는 것은 대단한 것이었다.

▎이삭이 얻은 백배의 부자가 되는 능력

성경은 이삭이 백배의 소출을 올릴 수 있었던 것은 오직 하나님의 은혜였다고 말한다. 단지 운이 좋아서가 아니라 오직 하나님이 돕고 허락하셨기에 가능한 일이었다. 세상의 존경과 부러움을 한몸에 받은 소로스가 102%의 수익률이었다면, 수천 년 전 이미 하나님은 세상의 어느 구석에 있던 한 어리숙한 농부를 통하여 '셀 수 없는 축복'을 주셨다는 것을 잊지 말아야 한다. 그것은 이삭의 능력이 아니었다.

이처럼 하나님의 수익률은 얻을 수 있는 최고의 것을 의미하는 '백배'에 있으며, 전혀 경험하지 않은 곳에서 이익을 만드는 능력을 드러낸다는 것을 기억해야 한다. 하나님의 명령에 순종했기에 아버지가 받았던 모든 축복의 약속을 물려받았고, 하나님의 구체적인 도우심을 경험한 이삭은 이 모든 과정을 거쳐 거부가 될 수밖에 없었다.

이것이 크리스천 부자가 되는 첫걸음이다. 하나님의 방법으로 부를 얻는 것, 이것이 온전한 부를 이루게 한다.

백배의 부자에 도전하라!

복과 부의 등식

> 하나님의 궤가 오벧에돔의 집에서 그의 가족과 함께 석달을 있으니라 여호와께서 오벧에돔의 집과 그의 모든 소유에 복을 내리셨더라 _대상 13:14

성경은 수차례 복이라는 단어를 언급하고 있다. 신·구약에 걸쳐 300번 이상 직접적으로 전하고 있으며, 2인칭 또는 3인칭으로 '복'에 대해 서술하고 있다. 객관적이며 때로는 주관적으로 그 중요성을 전하고 있는 것이다. 성경에는 모범적이고 경건한 사람에게 '복 있을지어다'라는 표현을 하는데, 이것은 '복을 누리는 자'가 하나님께 가까운 사람이며, 하나님이 어여삐 여겨 선물을 받을 수 있는 자격을 갖춘 자라는 의미를 담고 있다.

성경에는 오벧에돔이라는 사람이 하나님의 궤를 집에 두었다는 이유만으로 자신의 모든 소유에 큰 축복을 받는 이야기가 나온다. 이처럼 그리스도인의 재정은 복에서 출발한다고 할 수 있는데, 오벧에돔의 경우에서처럼 복은 주어진다는 것이 가장 도드라지는 특징이다.

복은 주는 분이 있고 받는 사람이 있기에 그저 노력으로 만들어지는 것이 아니라 철저하게 주어지는 성질을 지니고 있다는 것이다. 이처럼 성경은 '복 받는 사람'에 대해 절대적이다. 복을 받는 자는 부를 누리고, 그렇지 못한 자는 부를 갖지 못한다.

이것은 자기 힘으로만 열심히 벌어서 부자가 되는 것은 그리스도인의 방법이 아니라는 결론에 이르게 한다. 즉, 하나님의 복을 받아야 부자가 될 수 있다. 이것이 부자가 되는 핵심이며, 그리스도인이 부를 이루는 방법이다.

또한 복은 미래지향적 특징을 지닌다. 성경 중 복에 대해 가장 많이 언급하고 있는 부분은 시편과 잠언, 신명기인데, 이중 신명기는 이스라엘 민족이 광야 40년을 종결하는 시점에 기록되어 약속의 땅 가나안에 대한 설명을 하며 핵심 단어인 '복'을 말하고 있다.

"하나님은 이스라엘 민족이 가나안에 들어가 누릴 복을 이미 준비해 두었다. 너희들의 미래가 이러하니 걱정없이 들어가라."

이것이 모세가 가나안을 앞에 두고 마지막 남긴 말이었다.

이런 복이 그리스도인에게 의미가 있는 것은 하나님과 피조물의 관계에서 발생하는 '의지依支' 때문이다. 의지한다는 것은 종속의 또 다른 표현인데, 도움을 받는 처지, 나에게 없어서는 안 될 관계 그리고 나의 가치를 결정하는 것은 '나의 나됨이 아니라 내가 의지하는 것이 결정한다는 것'을 인정하는 것이 종속이다.

하나님께 종속되는 것이 복의 척도이다

결정권자는 자신에게 종속되어 있는 것을 책임진다. 땅은 식물의 성장을 책임지고, 물은 물고기의 생명을 쥐고 있다. 또한 부모는 당연히 자녀의 성장을 책임지고 있다. 그리고 하나님은 그리스도인의 잘됨을 책임지고 계신다.

그렇기에 우리가 종속되어 있음을 고백할 때 복이 발생하고, 그 복의 크기에 따라 부의 크기도 결정된다. 진정한 부자를 꿈꾼다면 그에 걸맞는 복을 받아야 하고, 그것을 결정하는 것은 '종속의 정도'에 달려 있다. 결국, 사람은 하나님에게 완전하게 종속되어 있을 때 가장 힘있는 상태를 유지할 수 있으며, 이때가 복을 받을 수 있는 최적의 환경이다.

이것은 세상의 이치와 다를 수 있다. 독립된 존재가 강하며, 얻는 것보다 만들어 내는 것이 더 가치있게 보일 수 있다. 하지만 인간의 능력이 하나님이 부어주시는 복을 뛰어 넘을 수는 없다. 그 차이는 바로 피조물과 조물주, 그리고 지배자와 종속된 자의 차이와 같다.

이처럼 그리스도인은 하나님의 복이 없이는 부자가 될 수 없으므로 복을 받을 수 있는 방법에 최선의 관심을 두어야 한다. 일정한 종잣돈을 마련하기까지 각고의 노력이 필요하나 그 자금이 형성되면 쉽게 수십 배로 불어날 수 있듯이, 하나님의 복은 셀 수 없는 부요를 보장할 것이다.

고난을 거쳐 갑절의 축복을 받은 욥을 보라. 하나님이 허락하시니 가지고 있는 모든 것을 잃었고, 회복하시니 모든 것을 얻었다. 그의 태도는 오직 하나님이 주는 복에 집중하고 있었다.

> 그가 이르되 그대의 말이 한 어리석은 여자의 말 같도다 우리가 하나님께 복을 받았은즉 화도 받지 아니하겠느냐 하고 이 모든 일에 욥이 입술로 범죄하지 아니하니라 욥 2:10

믿지 않는 자들이 누리는 부에 지나치게 연연하고 있지 않는가? 세상의 재물은 세상을 위한 것일 뿐이다. 과연 하나님이 하루아침에 모든 복을 거두기로 결정하신다면 그것은 누구의 것이 되겠는가?

솔로몬이 받은 축복의 허가 사인

성경에서 말하는 복은 크게 물질과 영적인 것으로 나뉜다. 그리스도인은 재물뿐만 아니라 또 다른 영적인 복의 충만함이 보장될 때 진정한 부자라고 할 수 있다.

실제 삶에서는 이 두 가지가 결코 분리되어 드러나지 않는다. 즉, 영적인 복을 받았다면 재물의 복 또한 따라오는 것이며, 재물의 복이 가득하다면 영적인 복 또한 충만해야 하는 것이 당연하다.

가령, 가정에서 자녀를 올바로 키우기 위해 정신적인 교육에 집중하는 부모라면 당연히 자녀에게 물질의 넉넉함 또한 채워주려고 노력할 것이다. 복은 피조물에게 필요한 모든 것을 채워주고자 하는 하나님의 배려이다. 이 배려를 누리는 사람은 부자가 될 것이고 그 가치를 이해하지 못하는 사람은 부자의 길을 영원히 찾지 못할 것이다.

부에는 복을 포함하는 부가 있고 그렇지 못한 부가 있다. 드러나는 부의 모양은 같을 수 있으나 그 부의 시작점은 확연히 다르다. 복을 포함하는 부는 세상의 모든 가치를 결정하며 하나님이 허락하신 부일 때

INTO

참된 재물을 받고자 하면

많은 사람들이 재물은 하나님이 주시는 시험이며 동시에 신탁임을 깨닫지 못한다. 하나님은 재물로 그를 신뢰하도록 우리를 가르치시며 또 한편 최대의 시험을 하시는 것이다.

> 만약 너희가 세속의 재물을 다루는 데도 충실하지 못하다면 누가 참된 재물을 너희에게 맡기겠느냐 _눅 16:11

재물을 어떻게 사용하는가와 나의 영적생활의 질은 직접적인 관계가 있다고 하나님은 말씀하신다. 내가 세속의 재물을 어떻게 다루는가에 따라서 하나님은 나에게 참된 재물인 영적인 복을 부여하시는 것이다.

― 릭 워렌의 말 중에서

가능하다.

　진정 부자가 되기를 소망한다면 하나님의 복을 사모하라. 복은 부자가 되기 위한 하나님의 허가 사인이다. 그 사인은 하나님을 의지하고 신뢰하는 사람에게만 주어지는 권력으로, 그런 사람은 이미 하나님의 마음을 얻은 것이다.

　지혜의 왕으로 유명한 솔로몬은 왕위에 올라 가장 먼저 하나님의 마음을 얻었다. 하나님은 솔로몬의 요구가 사랑스러워 그 마음을 주셨으며, 이후 어떤 누구보다 많은 재물을 누렸음은 당연하다.

　예수님은 누구든지 목마르거든 내게로 와서 마시라(요 7:37)고 외쳐 이르셨다. 하나님은 음식이 수북한 명절에 어서 와서 준비한 음식을 먹으라고 애타게 권유하고 계신 것이다.

　하나님의 마음에는 복이 있으며, 세상이 알지 못하는 크고 비밀한 부의 방법이 들어 있다. 오직 하나님의 관심은 '나의 이름으로 복을 요구하느냐'는 것이다. 수많은 그리스도인들이 이 관심을 만족시키지 못하므로 하나님의 복에서 멀어져 있다.

　하나님을 의지하는 자, 당당하게 하나님의 복을 요구하라. 그 속에 부가 있다.

　오늘도 우리에게 말씀하고 계신다.

　"나의 복을 받으라!"

부를 쌓을 창고를 지으라

> 오직 너희를 위하여 보물을 땅에 쌓아 두지 말라 거기는 좀과 동록이 해하며 도둑이 구멍을 뚫고 도둑질하느니라 _마 6:20

부를 이루기 위해서는 두 가지 과제를 해결해야 한다. '돈을 어떻게 벌 것인가'와 '재물을 어디에 보관할 것인가' 하는 것이다. 그래서 돈을 벌고 관리하는 것은 누구에게나 관심의 대상이다.

'어렵게 마련한 종잣돈으로 무엇에 투자해서 늘리지?'

'낮은 금리라도 안정적인 것이 좋을까 아니면 적은 돈이라도 위험을 안고 투자하는 것이 효과적일까?'

'장기로 운용하는 것이 유리할까? 아니면 경기가 불안정하니 1~2년 정도의 단기로 운용하는 것이 나을까?'

이런 고민은 아마 소득이 있는 사람이라면 한 번쯤 해봤을 것이다.

사실 돈을 버는 것과 보관하는 것은 다른 과제처럼 보이지만, 실제로는 하나라고 할 수 있다. '넣어 둔다'는 것이 옛날처럼 단순히 보관만을 의미하지 않고, 곧 증식을 포함하고 있기 때문이다. 그래서 이제는 재물을 모으는 것뿐 아니라 어디에 재물을 넣어 두고, 어떻게 관리하느냐도 매우 중요하다. 아무리 많이 벌어도 잘 넣어 두지 않으면 오히려 손해가 날 수 있기 때문이다.

현실을 살아가는 그리스도인에게도 이 문제는 작은 문제가 아니다. 투자를 잘못해서 손해를 보거나 전 재산을 잃는 경우를 허다하게 본다. 재물을 보관하는 문제에서 실패하는 것이다.

이에 대해 성경은 뭐라 말하고 있을까? 성경은 재물을 쌓아둘 곳을 분명하게 지정하고 있는데, 그곳은 바로 하늘이다. 그리고 재물을 땅에 쌓아 두지 말아야 하는 이유도 우리를 위해서라고 분명히 설명하고 있다.

땅에 쌓아 두는 재물은 길게 보존할 수 없다는 것이 단점이다. 지금 바로 눈으로 볼 수 있지만, 반드시 사라지고 부패하기에 일시적인 것이다.

감리교의 창시자이며 명설교가인 웨슬레는 가난한 목사 집안 출신으로 늘 가난과 배고픔을 경험하며 자라야 했다. 그러던 중 매월 30파운드의 월급을 벌게 되었는데, 이 돈은 혼자 살기에는 충분한 돈이었기에 자신이 좋아하는 그림 몇 점을 사다 집에 걸어놓았다. 그런데 그즈음 자기 집의 하녀가 한겨울에도 얇은 옷을 입고 있는 것을 보고 도와주고 싶었지만 정작 그림을 사느라 여분의 돈은 남아 있지 않았다.

결국, 웨슬레는 하나님이 자신이 그림을 사느라 쓴 돈을 기뻐하지 않는다는 사실을 깨닫고 이후 다른 삶을 살기로 작정했다. 그는 첫해에 30파운드 중에서 2파운드를 구제비로 쓰고, 28파운드로 생활했다. 그리고 이듬해 월급이 올라 60파운드를 받자 32파운드를 구제비로 쓰고, 역시 28파운드로 생활했다. 또 90파운드로 수입이 늘었을 때에도 28파운드로 생활하고 나머지 62파운드를 구제비로 사용했다.

"돈을 벌 수 있는 데까지 많이 버세요. 그리고 쓸 수 있는 데까지 하나님을 위해 쓰세요."

그의 말처럼 웨슬레는 땅에 보물을 쌓지 않고 하늘에 쌓는 사람이었던 것이다.

▍땅의 재물은 100년을 보관할 수 없다

그렇다면 땅에다 재물을 보관하지 말아야 할 구체적인 이유는 무엇일까?

먼저, 지속성을 방해하는 '좀'과 '동록'이 있기 때문이다. 좀은 옷감을 보이지 않게 조금씩 상하게 해 마침내 쓸모없게 만든다. 옛날에 창고에 넣어 둔 곡식 역시 가만히 두면 좀이 생기고 물건에 하자가 생겨 상품 가치를 상실하거나 먹을 수 없게 된다.

좀보다 더 센 것이 있으니 바로 동록이다. 동록은 녹을 일컫는 말로,

구리와 쇠를 망친다. 이전에는 천으로 만든 옷감이나 곡식, 구리 등의 소유가 곧 재물의 척도였기에 모으는 것뿐 아니라 피해 없이 잘 보관하고 관리하는 문제도 적지 않은 걱정거리였다.

다음으로 도둑이 든다. 즉, 땅에 쌓아 둔 재물은 가만히 두어도 녹과 동록에 의해 상하고 도둑에 의해 사라진다. 도둑에 의한 재물의 상실은 단순한 재물의 소실만 의미하는 것이 아니다. 성경은 도둑이 들어 재물을 잃게 되면, 그것으로 인해 상처를 입게 되는 그리스도인의 마음까지 걱정하고 있다.

성경은 분명히 '네 보물이 있는 그곳에는 네 마음도 있느니라'_마 6:21 고 하여 소극적인 태도에서 벗어나 적극적으로 재물을 관리하는데 마음을 쏟으라고 말하고 있다. 그런데 재물이 있는 곳에 마음을 두었는데, 그 재물이 사라지면 마음에 상처가 생기기 마련인 것이다.

땅에 쌓아두는 리스크는 여기에서 멈추지 않는다. 재물을 아무리 잘 사용하고 증식을 해도 자신의 인생 길이보다 길게 유지할 수 없다. 이것은 세상에 쌓아 놓은 재물의 치명적 단점이다. 아무리 길어도 100년을 보관할 수 있을까?

이것을 피하기 위해 성경은 좀이 없어서 쌀과 포목이 안전하고, 동록이 들지 않아 구리가 깨끗하게 보관되며, 튼튼한 자물쇠로 도둑을 막을 수 있는 창고인 하늘에 재물을 쌓아 둘 것을 추천하는 것이다. 하지만 많은 이들은 하늘에 재물을 쌓으라는 명령을 너무나 관념적으로 들어서 재물을 진정으로 보관하는 것이라고 생각하지 않는다.

이것의 연결고리는 마음에 있다. 하늘의 창고를 말한 근본적인 이유는 재물에 가 있는 마음이 다칠까하는 것에서 출발하고 있다는 사실에 초점을 맞추어야 한다. 하늘은 그 어느 곳보다 안전한 창고이기에 재물의 소실로 입을 마음의 상처를 피할 수 있는 가장 좋은 장소임에 틀림없다.

그러면 하늘에 재물을 쌓으려 도대체 어떤 방법을 동원해야 할까?

하늘에 재물을 쌓는다는 것은 보이지는 않지만 너무나 분명하고 안전한 창고인 천국을 위해 재물을 사용한다는 의미이다. 즉, 하나님의 이름을 높이는 사역에 집중하고 이 땅에서 천국을 넓혀가는 데 최선을 다한다면 하나님이 당신의 하늘에 우리를 대신해 재물을 쌓아 두시겠다는 것이다.

INTO

기독 경영인의 '유산 남기지 않기 운동'

'나를 위해 단 한 평의 땅도 단 한 칸의 집도 남기지 말아 주십시오. 내가 하늘의 부름을 받은 그날부터 나의 모든 소유는 이 사회를 밝히는 데 사용해 주십시오.

나의 서재에 있는 1만 권의 책은 고향에 있는 도서관으로 보내 주십시오. 나의 시신은 의학 발전을 위해 의과대학에 기증해 주십시오. 그리고 나의 장례식은 집에서 밝은 노래 속에서 치르도록 하고 부고는 돌리지 말아 주십시오.

– CEO의 유언장 내용 중에서

마치 이국땅에서 열심히 일한 남편이 그 대가를 아내와 자녀를 위해 송금하듯이 하나님을 위한 재물의 사용은 고스란히 하늘로 전해져 쌓일 것이라는 것이다.

이것은 신앙의 문제이며 가치관의 문제이다. 보이는 재물에 집중할 것인가? 보이지 않는 영원한 상급에 가치를 둘 것인가? 이 둘의 선택인 것이다.

하나님의 곳간을 사용한 록 펠러

많은 사람들이 록 펠러를 그냥 큰 부자 정도로 알고 있다. 하지만 그의 재산 규모는 상상을 초월한다. 현재 빌 게이츠가 벌어들인 재물의 3배에 달하는 돈을 모았고, 영국 철학자 버트런트 러셀이 현대를 이끈 인물로 정치 분야의 비스마르크와 경제 분야에서 록 펠러를 언급할 정도로 큰 영향력을 행사한 인물이었다. 하지만 그는 그 많은 재산을 땅에다 쌓지 않았다. 하나님의 권고대로 하늘에 그 재물을 쌓았다.

록펠러가 처음부터 그런 삶을 살았던 것은 아니었다. 스무 살에 사업을 시작해 뛰어난 사업 감각으로 백만장자의 길을 걷기 시작하며 정유 사업에 뛰어든 그는 미국 전체 석유의 95%를 점유함으로써 세계적인 부자의 반열에 오른다. 하지만 50세에 이르러 심한 질병에 걸리고 말았다. 심한 기침과 불면증, 피부병으로 인한 고통, 머리카락과 눈썹까지 빠지는 상황에서도 그는 사업 때문에 편히 쉴 수 없었다.

사람들은 사망을 예상했고, 그의 죽음을 안타까워하기보다 재산이 어디로 갈지에 대해 더 큰 관심을 보였다. 그는 더 이상 행복하지 않았다. 그때 병원 현관에 걸린 한 문구가 눈에 띄었다.

"주는 자가 받는 자보다 복되다."

그 내용에 감동한 록 펠러는 같은 병동에 입원한 소녀를 몰래 도우는 것으로 시작해 하늘의 창고를 발견하게 된다. 이후 그의 삶에 가치의 변화가 찾아왔다. 죽으면 소멸하는 세상의 재물을 모으는 것이 아니라 영원한 하늘에 재물을 쌓는 사업에 기준을 두게 된 것이다.

그는 1903년 교육재단을 통해 시카고 대학을 설립하고, 리버사이드 교회를 지어 봉헌했다. 다시 1913년에는 좀 더 집중적인 기부사업을 위해 '록펠러 재단'을 설립했다. 이 재단은 미국뿐 아니라 유럽, 중국, 일본의 많은 도시에 의과대학을 설립했으며, 이로 인해 말라리아, 결핵, 황열병, 발진티푸스 등의 질병을 퇴치하는 데 성공하였다. 또 재단의 후원을 통해 170명의 노벨상 수상자를 배출하였다.

록 펠러는 지금까지 존재한 부자 중 가장 큰 부자이다. 그리고 그 부는 세상에 쌓여 흐지부지 없어진 것이 아니라 하나님의 튼튼한 창고에 쌓였다. 세상은 부자 록 펠러만 기억한다. 하지만 그가 더 위대한 인물이 될 수 있었던 것은 하나님의 곳간을 사용한 사람이었기 때문이다.

말씀으로
부를 정의하라

> 에브라임이 말하기를 나는 실로 부자라 내가 재물을 얻었는데 내가 수고한 모든 것 중에서 죄라 할 만한 불의를 내게서 찾아 낼 자 없으리라 하거니와 _호 12:8

성경에는 엄청난 재물과 사회적 권력을 자랑하는 사람들이 나오는데, 그 대표적인 예가 바로 에브라임이다. 그들은 호기롭게 목소리를 높인다. 얼핏 보기에 에브라임은 엄청난 복을 누리며 하나님의 복을 받은 사람처럼 보인다. 스스로 부자라 칭하니 그 재물의 크기가 얼마인지 가늠할 수가 없다. 또 그 부를 가장 정직하게 획득한 것이라 당당하게 고백까지 하고 있다.

그러나 에브라임의 자랑은 앞절을 살펴보면 얼마나 궁핍하고 가증한 표현인지 금방 드러난다.

> 그는 상인이라 손에 거짓 저울을 가지고 속이기를 좋아하는도다
> _호 12:7

결국, 에브라임의 부는 저울을 속이는 장사를 통하여 형성된 것이었다. 그러나 그렇게 영광을 자랑하던 그 역시 비정상적으로 돈을 벌며 누렸던 호화에 대해 가혹한 책임을 질 수밖에 없었다.

원래 에브라임은 요셉의 둘째 아들임에도 장자의 명맥을 이으며 축복을 받았었다. 그러나 남 유다와 북 이스라엘로 분열되면서 에브라임은 타락한 북 이스라엘을 상징하는 대표적인 지파로 표현되며 하나님을 배반하게 만든 장본인이 되었다.

광야에 뜨거운 바람을 몰고 와 식물을 태우고 풍랑을 일으키는 쓸모없는 동풍과 같이 에브라임은 이스라엘 민족에게 고통을 주고 있었던 것이다.

성경은 에브라임이 혼탁한 시류를 틈타 지위와 권력을 이용하여 자신의 욕심을 채우는 모습을 여과 없이 보여 준다. 다음의 말씀은 부정한 에브라임이 어떻게 재물을 모았는지 충분히 짐작하게 한다.

> 에브라임이 말을 하면 사람들이 떨었도다 그가 이스라엘 중에서 자기를 높이더니 바알로 말미암아 범죄하므로 망하였거늘 _호 13:1

높은 지위를 이용해 사람들에게 불이익을 주면서 재물을 모으며, 이 방신을 섬기므로 자신의 이익을 챙기는 타락의 전형을 보여준다.

성경에서 말하는 부의 정의는 에브라임의 고백과 다르다. 그리스도인의 부는 획득하는 과정도 매우 중요하며, 하나님을 배반하고 사람들을 속여 얻는 것을 부라고 정의하지 않는다. 하나님은 속이는 저울을 미워하시고, 공평한 추를 기뻐하신다참 11:1고 하셨다.

그리스도인의 부는 죄와 연합하지 않으며 권력과 담합하지 않는다. 이것이 세상의 재물과 다른 점이다. 많이 가진 것이 선으로 추앙받는 시대이지만 에브라임과 같은 재물을 얻는 가치관을 소유하게 된다면 그 재물은 반드시 부정직한 곳에 사용될 가능성이 크다.

결국, 그들의 번성은 막을 내리고 말았다. 갑작스럽게 앗시리아의 포로가 되고 이스라엘의 잃어버린 지파가 되어 완전한 망각 속으로 빠져드는 슬픈 역사를 지니게 되었던 것이다.

┃성경이 알려주는 부정직한 재물의 마지막

이렇게 잃어버린 에브라임은 현대에서도 찾아볼 수 있다. 80년대 중반, 일본은 경제 부흥기를 맞아 호황을 누린 적이 있었다.

자고나면 주가가 오르고 부동산 가격이 뛰었으니 모든 사람이 은행에서 돈을 빌려 투자를 하던 시기였다. 약 5년간 부동산은 300%가 오르고 주가는 400%가 상승하였다. 당시 은행 금리가 2~3%였으니 돈을 빌려 투자하는 것을 당연하게 받아들이는 시기였다.

그러나 이러한 호경기는 오래가지 못하였다. 1990년대 접어들어 일본 정부가 경기를 안정시키기 위해 은행 금리를 인상하자 대출을 받아 투자했던 많은 사람들은 고통을 겪었다. 이자가 높아지자 주가는 당연히 하락했고 대출을 받을 수 없으니 부동산에 대한 투자가 줄어들어 가격이 자연스럽게 떨어졌다.

마침내 경제 환경은 투자 전반에 영향을 미쳐 수많은 기업들이 문을 닫았고 많은 사람들이 비관하여 자살하기도 하였다.

이처럼 비정상적으로 돈을 벌고자 했던 태도는 비단 일본에만 있던 것이 아니다. 우리나라는 90년대 후반, IT산업을 통해 경제 부흥을 시도했으며, 정부는 사업을 하는 많은 창업주에게 자금을 지원했다. 청년실업가들이 하루에 수천만 원씩을 술값으로 지불하며 흥청망청하던 시절이었다.

그때 좋은 기회를 살려 알뜰하게 미래를 준비한 기업은 건강하게 사업을 운영하고 있지만 자랑만 일삼으며 그저 눈먼 돈으로만 여겼던 기업가들은 이름도 없이 사라지고 말았다. 바로 현대판 에브라임의 비운을 맛본 것이다.

성경이 정의하는 부는 남을 고통으로 몰아넣지 않으며 어려운 사람들을 위해 사용하는 재물이어야 하고, 양심에 꺼리지 않는 방법으로 취득하는 재물이라고 할 수 있다. 이렇게 확보하지 못하는 부는 하나님의 의지에 의해 부러지고 망가진다.

> 이러므로 그들은 아침 구름 같으며 쉬 사라지는 이슬 같으며 타작 마당에서 광풍에 날리는 쭉정이 같으며 굴뚝에서 나가는 연기 같으리라 _호 13:3_

저울을 속이고 얻은 재물은 아침 이슬같이 사라질 것이며 광풍에 날리는 쭉정이같이 날려서 없어질 것이다. 또한 그 근원이 말라 모든 보배가 약탈되어 사라질 것이다. 이것이 바로 부정직하게 얻은 재물, 하나님을 거스르며 추적한 재물의 말로이다.

누구나 마음속에는 에브라임이 있다. 예수를 모르는 사람이나 매일 새벽기도로 자신을 깨우는 사람일지라도 선과 악의 경계선에서 갈등한다.

▎아름다운 돈의 바로미터

그리스도인의 재물은 다음의 두 가지 영역에서 세상의 재물과 다름을 인식해야 한다.

먼저 지향하는 부의 꼭짓점이 다르다. 세상은 많은 돈을 가지는 것을 선이라 정의한다. 많이 가지는 것은 권력을 갖는 것이고 원하는 것을 쉽게 얻을 수 있는 힘이 된다. 이것이 세상의 목적이다.

그러나 그리스도인이 소유하는 재물의 궁극적인 목적은 하나님의 이름을 높이는 것에 맞추어져 있다. 재물이 많은 것도 하나님의 영광이 되고 사용되는 곳에도 예수님의 이름을 드러낼 수 있어야 한다. 그리스도인에게 있어 부는 하나님의 영광을 드러내는 방편인 것이다.

또 다른 하나는 재물의 사용 용도가 그들과 같지 않다. 세상이 자신의 쾌락과 만족을 위해 재물을 사용한다면 그리스도인은 그것에 만족하지 않는다. 물론 모든 재물을 남을 위해 사용해야 하는 것은 아니나 그리스도인은 구제와 섬김 그리고 선교 등 주위를 돌아보는 곳에 재물을 사용해야 한다.

1984년부터 기독 실업인들의 '유산 남기지 않기 운동'을 벌이고 있

INTO

성경 읽기로 큰 부자가 된 사람

『솔로몬 부자학 31장』이라는 책을 쓴 스티븐 스코트는 젊을 때 아홉 번이나 직장에서 퇴출을 당하는 실패를 경험했다. 암담한 상황에 있을 때 그는 한 백만장자에게 그의 성공 비결을 배울 수 있었다.
"매일 성경의 잠언을 한 장씩 읽게나. 그렇게 하면 2년 안에 사장보다 똑똑해지고, 5년 안에는 엄청난 부자가 될 수 있다네."
그후 스코트는 매일 잠언을 읽으며 성경이 전하는 지혜를 구했고, 아메리칸 텔레케스트 공동 설립자로 수십억 달러의 판매량을 달성하며, 10여 개의 회사를 운영하는 성공의 주인공이 되었다.

– 김성광 목사(강남교회 담임) 칼럼집 중에서

다. '재산의 3분의 1은 후손에게 남기고, 3분의 1은 어려운 이웃에게 베풀고, 나머지 3분의 1은 사회에 기부한다.'

바로 이 운동에 참여한 한 기업인의 유언장 내용인데, 이들은 해마다 유언장을 새로 쓰고 사회와 이웃에 대한 사랑을 실천하고 있다고 한다.

당시부터 국내의 유명한 기독경영인들이 발기해 지금까지 850여 명가량이 소리없이 참여하고 있는데, 기업경영인이 70%, 전문직업인이 30%라고 한다. 이들이 가진 재물이 가장 아름다운 방법으로 사용되고 있는 것이다.

하지만 많은 경우, 벌고 사용하는 재물이 죄의 영역에 있는지 그렇지 않은지에 대한 판단이 쉽지 않다. 특히 지속적으로 사업을 운용하고 이익을 창출해야 하는 사업자의 경우 이것은 더욱 애매하다. 마치 절세와 탈세가 종이 한 장의 차이인 것처럼 자신을 지키는 것은 매우 힘들다.

이것을 정확하게 정의하는 것이 바로 말씀이다. 여기에 기초한 사람은 신앙과 양심이라는 두 가지 바로미터로 재물을 보는 분명한 기준을 지니게 된다. 부가 필요한 것은 사실이지만 그 부가 패망을 불러올 수 있다는 것을 분명히 알아야 한다. 건강하고 정직하며 신앙에 위배되지 않는 영역에서 재물을 모아야 한다. 이렇게 번 돈이 아름답게 쓰인다. 진실과 거짓의 대차대조표는 언제나 공정하다는 것을 기억하라. 에브라임은 여기에서 실패하였다.

망령된 부자

> 망령되이 얻은 재물은 줄어가고 손으로 모은 것은 늘어 가느니라
> _잠 13:11

'망령되다' 는 말은 본래 '늙거나 정신이 혼미해 행동이 정상적인 상태에서 벗어나는 것' 을 이르는 표현인데, 여기에서 망령되이 얻은 재물이란 비정상적으로 얻은 것을 말한다. 영어 표현으로 보면 그 뜻을 더욱 정확하게 알 수 있다.

> Dishonest money dwindles away, but he who gathers money little by little makes it grow
> 부정직한 돈은 줄어들어 없어지나 조금씩 모은 재산은 늘어난다
> (NIV)

여기에서 부정직한 돈은 손으로 모은 돈이 아니다. 즉, 차곡차곡 모은 돈이 아니라 한번에 갑자기 발생한 돈을 가리킨다. 법을 어겨가며 얻은 재물, 남을 고통으로 몰아넣으며 비도덕적인 방법으로 만든 재물을 망령되이 얻은 재물이라고 말하고 있는 것이다.

잠언은 '충성된 자는 복이 많아도 속히 부하고자 하는 자는 형벌을 면하지 못하리라'고 경고한다. 이것은 정직하게 일하는 것보다 그 과정이 어떠하든지 많이 가지고 있는 것이 선으로 추앙받는 현대의 비뚤어진 경제 관념에 대한 날카로운 지적처럼 들린다.

이런 현상은 조금이라도 더 재산을 늘리기 위해 양심을 저버리게 하고 노동 없이 일확천금을 꿈꾸는 복권에 미치게 하여 '어떻게 하면 좀 더 쉽게 돈을 벌 수 없을까'만 고민하게 한다.

인도의 국부로 추앙받는 간디의 무덤 앞 화강암 돌벽에는 나라를 망치는 일곱 가지의 사회악이 쓰여 있는데 그중의 하나가 노동 없는 부 wealth without work 이다. 간디 역시 땀 흘려 일하지 않고 편한 수입을 올리겠다는 생각이 나라와 자신을 망가뜨리는 것이라고 심각하게 생각한 것이다. 성경 역시 이러한 비뚤어진 경제 관념에 대해 여러 곳에서 엄중하게 경고하고 있다.

재물의 원래 속성은 늘어가는 것에 있다. 일정의 규모가 되면 다음에는 이자의 기능으로 스스로 증식해 가는 것이 돈의 속성이다. 그래서 재물이 많은 사람은 더욱 쉽게 재물이 늘어난다. 그럼에도 성경은 망령되이 얻은 것은 줄어들고, 일확천금만 꿈꾸는 자는 망할 뿐이라고 일관되게 말한다.

좀 더 확대해 보면 성경은 재물을 취득하는 방법에 따라 부자가 될지 가난하게 될지를 변별하고 있다고 하겠다. 불의한 재물로는 부자가 될 수 없으며, 오히려 점점 줄어들어 마침내는 사라지는 것이 망령된 재물의 특징이라는 것이다.

39억 원의 복권 당첨이 남긴 실패

실제로는 더 무섭게 없어지는 것이 바로 부정직하게 얻은 재물이다.

6년 전 영국의 한 10대 여성은 엄청난 금액의 복권에 당첨되었다. 우리 돈으로 약 39억이라는 어마어마한 돈이 갑자기 생겼다.

당첨 직후 그녀는 여느 당첨자들처럼 돈을 펑펑 쓰며 지냈다. 고가의 주택을 구입하고 자동차를 사서 주위에 나누어 주며 돈 쓰는 것을 즐겼다. 그러나 그 즐거움은 오래가지 못하였다. 돈을 보고 접근한 남성과 결혼하였으나 그 남성은 여동생과 바람을 피웠으며 전 재산을 빼돌리려 하였다. 그 충격으로 두 번이나 음독자살을 시도하였다.

두 번째 만난 사람은 약물 중개상이었다. 그 남성은 이 여성의 집에서 코카인을 거래하고 총기를 소지한 혐의로 경찰에 체포되었다. 그녀는 변호사를 고용해 자신의 무혐의를 벗었지만 600만 원의 변호사 비용만 빚으로 남았다.

복권으로 인생의 모든 미래가 장밋빛으로 변하는 듯하지만 불과 6년 만에 모든 재산은 사라지고 채무자가 되고 말았다.

"막대한 당첨금이 가져온 불행에 인생이 망가졌다. 시간을 되돌릴 수 있다면 복권 따위는 사지 않을 것이다"

이것이 지난 6년을 회고한 그녀의 한마디였다.

그녀의 재산은 1년에 6억5천만 원이 사라졌다. 한 달에 5,400만 원씩, 그리고 하루에 180만 원씩 바람에 재가 날리듯 급격하게 없어진 것이다.

의식하지 못하는 사이 사라졌던 그녀의 복권은 과연 망령된 재물인가? 남을 해한 것도, 다른 사람에게 피해를 준 것도 아니기에 복권 당첨금 자체가 불의한 재물은 아닐 수 있다. 그러나 그 복권이 당첨되기를 바라는 마음은 불의하다고 할 수 있다.

열심히 일해서 손으로 모은 것이 아니라 한번에 망령되이 얻고자 하는 마음이 있었기 때문이다. 망령되이 얻은 재물은 그것만 사라지는 것이 아니다. 재물은 마치 꿈처럼 왔다 가지만 그 흔적은 고스란히 삶에 남는다. 열기를 흡수하고 증발하는 알코올과 같다. 재물을 의지하고 아끼던 마음과 육신에는 상처만 남고 신앙은 피폐해진다.

망령된 재물은 불의한 것을 남기고 사라진다. 성경이 망령되이 얻은 재물의 위험성을 경고하는 것은 그저 물질의 사라짐만 염려하는 것이 아니다. 반드시 영적인 고갈까지 동반한다. 이것이 부정직한 재물을 멀리해야 하는 궁극적인 이유이다.

그러나 현실에서는 이 말씀의 경고가 너무 멀리 있는 것처럼 보인다. 대부분 부자들은 불의하며 권세의 중심은 항상 망령된 자가 차지하고 있는 듯하다. 세금을 피하려 권력을 이용하고, 거짓을 일삼으며, 좀 더 많은 자신의 이익 확보를 위해 약자를 억압한다.

이 모든 것이 망령된 것이며 불의한 태도이다. 어쩌면 이미 모든 사람은 복권과 같은 망령된 것을 꿈꾸고 있는지도 모를 일이다.

▮ 반드시 망하고 마는 불의한 부자

하나님의 말씀에 주의하면 불의한 자의 재물과 그를 어떻게 다루실지 알 수 있다. 그분은 불의한 자를 내버려 두지 않고, 질병으로 고통당하게 하며 생명까지 앗아갈 것이다. 또한 소출을 막고 비웃음 거리로 만들겠다고까지 분명히 경고한다.

- 악인의 집에 아직도 불의한 재물이 있느냐 축소시킨 가증한 에바가 있느냐
- 내가 만일 부정한 저울을 썼거나 주머니에 거짓 저울추를 두었으면 깨끗하겠느냐
- 그 부자들은 강포가 가득하였고 그 주민들은 거짓을 말하니 그 혀가 입에서 거짓되도다.

- 그러므로 나도 너를 쳐서 병들게 하였으며 네 죄로 말미암아 너를 황폐하게 하였나니 네가 먹어도 배부르지 못하고 항상 속이 빌 것이며 네가 감추어도 보존되지 못하겠고 보존된 것은 내가 칼에 붙일 것이며 네가 씨를 뿌려도 추수하지 못할 것이며
- 감람 열매를 밟아도 기름을 네 몸에 바르지 못할 것이며 포도를 밟아도 술을 마시지 못하리라
- 너희가 오므리의 율례와 아합 집의 모든 예법을 지키고 그들의 전통을 따르니 내가 너희를 황폐하게 하면 그의 주민을 사람의 조소

> **INTO**
>
> ### 삶을 성공하게 하는 재물
>
> 톨스토이는 「사람은 무엇으로 사는가」를 통해 이렇게 말한다.
> "사람은 무엇으로 사는가, 사람의 마음속에는 무엇이 있는가? 모든 사람은 자신을 살피는 마음에 의하여 살아가는 것이 아니라 사랑으로써 살아가는 것이다. 내가 내일을 여러 가지로 걱정했기 때문이 아니라 지나가던 사람과 그 아내에게 사랑이 있어 나를 불쌍하게 여기고 나를 사랑해 주었기 때문이다…모두가 자신을 걱정하므로써 살아갈 수 있다고 생각하는 것은 다만 인간들이 그렇게 생각하는 것일 뿐, 사실은 사랑에 의해서 살아가는 것이다."
> 성경은 부지런히 일을 해서 부자가 되어야 한다고 말한다. 그리고 그 재물을 가난한 자를 위해 사용하라고 권고한다. 재물은 자기를 위해 존재하는 것이 아니라 이웃을 위한 것이다. 우리는 사랑으로 살아간다. 이것이 하나님의 뜻이다.

거리로 만들리라

- 너희가 내 백성의 수욕을 담당하리라

_미 6:10-16에서

이것은 수천 년 전의 경고가 아니다. 예측할 수 없이 환경이 변화하는 지금에도 동일하게 적용되는 말씀이다.

시내 한 음식점을 경영하는 주인이 있었다. 몇 년째 손님이 줄더니 어느새 사업은 손해를 보고 있었다. 여러 가지 방법을 동원해 손님을 끌기 위해 노력해 보았지만 회복할 수가 없었다. 대로변에서 다소 떨어져 있는 위치의 약점 때문이었다.

손해는 더욱 커져 더 이상 사업체를 운영할 수 없을 지경이 되었다. 매각을 하기로 결정하였으나 손해를 보고 팔 수 없었다. 그래서 좀 더 높은 가격으로 팔기 위해 수를 생각해 내었다. 제일 자신 있는 음식을 평소보다 싸게 팔면서 손님을 유혹하였다. 그러자 손님들이 다시 찾아왔다.

한 달 후, 이 음식점에 손님이 많이 드는 것을 유심히 살피던 한 사람이 이 가게를 사겠다고 나섰다. 주인은 때를 놓치지 않고 높은 가격으로 그 사람에게 팔았다.

새로운 주인은 장사를 잘해서 부자가 되리라 다짐하였지만 그것은 쉽지 않았다. 잘 팔려 나가던 음식의 비용을 계산해 보았더니 도저히 그 가격에는 팔 수 없는 금액이었다. 팔수록 손해를 보는 밥값이었기 때문이다.

새로운 주인이 값을 올리자 다시 손님은 끊어졌고 부자가 되리란 기대도 산산이 부서졌다. 이것을 흔히 얘기하는 투자의 범주로 이해해서는 안 된다. 분명한 손해를 뒷사람에게 전가한 것에 불과하다.

세상에는 부자가 많다. 땅이 많은 부자, 돈이 많은 부자, 주식이 많은 부자 그리고 높은 권력에 오른 부자 등 그 종류도 다양하다. 스스로 높은 체하고 성공한 것으로 생각하지만 하나님은 불의한 부자를 어떻게 다루실지 분명히 말씀하고 있다.

불의한 자는 부자가 될 수 없다. 설사 부자가 되더라도 오래가지 못한 채 어느새 조금씩 조금씩 사라져 양심과 신앙에 흠집만 내고 만다. 하나님이 징계하시기 때문이다.

세상은 너무나 쉽게 불의를 용인하지만 그것은 하나님의 방법이 아니다. 성경에서 정의하는 부자에 도전해야 한다. 천국을 소유하는 부자, 정직하게 재물을 모으는 부자, 주위의 연약한 자를 섬기는 부자가 바로 하나님이 평가하시는 참된 부자의 기준인 것이다.

발람의 탐욕

> 모압 장로들과 미디안 장로들이 손에 복채를 가지고 떠나 발람에게 이르러 발락의 말을 그에게 전하매 발람이 그들에게 이르되 이 밤에 여기서 유숙하라 여호와께서 내게 이르시는 대로 너희에게 대답하리라 모압 귀족들이 발람에게서 유숙하니라 민 22:7-8

그리스도인이 재물을 얻는 방법으로 반드시 피해야 하는 것이 있다. 남의 것을 취하는 것과 다른 사람의 피해를 조건으로 나의 부를 증식하는 것이 그것이다. 그러나 이보다 더 중요한 황금률이 있으니 바로 하나님을 거스르며 재물을 축적하는 것이다.

출 애굽한 이스라엘 민족은 행군의 종착지에 거의 다다를 즈음 모압 땅에 진을 친다. 이스라엘의 규모가 방대해 모압 왕 발락은 두려움에 떨고 있었다. 게다가 행군을 방해하였던 아모리 족속을 격파하며 진군하는 이스라엘 민족이 자신들을 공격할지도 모른다는 두려움에 휩싸였던 것이다. 마치 소가 풀을 뜯어 먹듯이 모압을 황폐화하리라 걱정하였다.

발락은 메소포타미아 지방에서 이름이 널리 알려진 복술자, 발람을 불렀다. 힘으로는 이스라엘을 이길 능력이 없으니 그에게 의탁하여 닥친 위협을 궤멸코자 하였다.

> 우리보다 강하니 청하건대 와서 나를 위하여 이 백성을 저주하라 내가 혹 그들을 쳐서 이겨 이 땅에서 몰아내리라 그대가 복을 비는 자는 복을 받고 저주하는 자는 저주를 받을 줄 내가 앎이니라 _민 22:6

발람은 발락에게서 많은 재물을 받는 대가로 이스라엘 민족을 저주하고자 하였다. 그러나 이것이 하나님에 대한 대적이라는 사실을 알아차리게 된다.

복을 받은 이스라엘 민족을 저주하지 말고, 발락과 함께 가지도 말라는 것민 22:11이 하나님의 의도민 22:11였던 것이다.

▎발락, 탐욕으로 발람을 유혹하다

사실, 상함을 당한 아모리 족속과 달리 모압은 하나님의 징벌의 대상이 아니었는데도 무지한 그들은 단지 이스라엘 민족의 등장에 두려울 수밖에 없었다.

그는 하나님이 이스라엘 백성을 보호하실 것을 알고는 다음날 발락의 부탁을 거절하는 것처럼 보였다.

비록 이방신을 따르는 발람이었지만 하나님을 알고 있었던 것이다. 당시 가나안 원주민들은 나름대로 자신의 지방 신을 믿고 있었는데 단지 자신이 믿는 신이 유일한 것은 아니며 다른 종족의 신들에 비해 우열의 관계에 있다는 것을 인정하고 있었다. 발람은 그런 배경에서 하나님과 관계를 맺고 있었던 듯하다.

하지만 그는 하나님의 분명한 의도를 간파하였음에도 불구하고 저주를 위한 시도를 멈추지 않았다. 발락이 그를 회유하기 위해 다시 장로들을 보내 더 많은 재물로 유혹하였던 것이다.

발람은 발락이 그 집에 가득한 은금을 자신에게 주어도 여호와 하나님의 의도를 바꿀 수 없다고 말한다 민 22:18.

그러나 또다시 흔들린다. 발락이 원하는 것은 무엇이든지 들어주겠다는 말에 마음이 움직이고 말았다. 하나님의 분명한 뜻을 전달 받았는데, 재물의 유혹에 빠져 다시 하나님의 의도를 살펴보겠다는 말로 발락의 요구를 받아들인다.

> 그런즉 이제 너희도 이 밤에 여기서 유숙하라 여호와께서 내게 무슨 말씀을 더하실는지 알아보리라 _민 22:19

발람은 겉과 속이 달랐다. 아무리 많은 재물을 준다 해도 하나님의 말씀을 따르겠다고 하고선 유혹을 이겨내지 못하고, 분명한 하나님의 뜻이 무엇인지 다시 알아보겠다고 양심을 속이고 있다. 그는 재물의 능력을 소유한 발락에 의해 철저히 농락당한 것이다.

발락의 집착은 더욱 집요해진다. 가진 재물을 빌미로 하나님의 뜻을 꺾고자 하는 사악한 의지는 재물에 눈이 먼 복술자와 결탁하여 복 받은 이스라엘 민족을 곤란에 빠뜨리고자 하였다. 저주의 말을 듣고자 했는데 오히려 하나님의 의도대로 축복의 말을 듣게 되자 혹시 발람이 이스라엘 민족의 규모에 압도되어 겁을 먹지 않았는지 의심스러웠다. 발락은 다시 자리를 옮겨 이스라엘 민족의 행군 후미를 보여주며 자신의 뜻을 이루기 위한 집요함을 보인다.

▌탐욕은 재물의 가치를 왜곡한다

이것은 성경에만 등장하는 우화가 아니다.

현대 그리스도인들은 발람의 실수를 수없이 되풀이하고 있다. 수많은 재물의 권력은 하나님의 의도를 벗어나도록 시도하고 있다. 발람이 하나님을 거스르는 것처럼 하나님에게 대항하는 가장 강력한 권력이 재물인 것이다.

그러나 재물을 가진 발락이나 그 재물을 탐했던 발람조차 알지 못했던 것은 하나님을 거스르고서 뜻을 이루거나 재물을 얻을 수 없다는 것이다.

부는 순수한 가치 위에 놓인다. 진정한 부자들은 물질 그 자체를 목적하지 않기에 일이 즐거웠을 뿐 돈을 벌겠다는 욕심은 없었다고 한결같이 말한다. 일이 즐거우니 재물이 늘어난 것이다.

탐욕은 절대 부자에 이르는 방법이라고 할 수 없다.

> 욕심이 잉태한즉 죄를 낳고 죄가 장성한즉 사망을 낳느니라 _약 1:15

애굽을 탈출한 이스라엘 백성이 광야에서 거두어 숨겨둔 만나는 썩었으며, 여호수아를 속이고 전리품을 탐욕한 아간은 목숨을 내놓아야 했다.

100달러 지폐에는 벤쟈민 프랭클린의 초상이 도안되어 있다. 미국에서 가장 존경받는 인물인 그는 죽은 이후에도 부의 상징으로 돈에 새겨져 사랑을 받고 있다. 그의 업적은 일일이 열거하기 어려울 정도이다.

프랭클린 스토브 발명 | 미국 최초의 회원제 도서관 설립 | 신문 발행인 | 사업가 | 이중 초점 안경 발명 | 최초의 가로등 설치 | 멕시코 만류 발견 | 전기와 번개의 동일성을 증명한 피뢰침 발명 | 미국의 우편제도 개혁 | 소방서 설치 | 서머타임 제안 | 미국 독립선언 기초 | 펜실베니아대학교 설립

그는 이처럼 사업가, 언론인, 외교관, 과학자. 저술가, 철학자 등의 수많은 활동으로 인류에게 도움을 주었던 사람이자 탐욕이 없는 대표적인 부자였다.

미국은 당시 유럽식의 벽난로를 사용하고 있었다. 이것은 연기가 잘 빠지지 않고 난방 효율도 떨어지고 건강에도 좋지 않았다. 프랭클린은 이것을 수차례 개선하여 연기가 잘 빠지면서 난방 효율도 올라가는 획기적인 벽난로를 설계하였다. 이것이 바로 '프랭클린 스토브'였다.

그는 이 개선을 통해 많은 돈을 벌 수 있었음에도 스토브에 관한 특허 출원을 하거나 이익을 얻기 위한 어떠한 노력도 하지 않았다.

> **INTO**
>
> ### 죽음 너머까지 가져갈 수 없는 부
>
> 톨스토이의 우화 중에 『사람에게는 얼마나 많은 땅이 필요할까?』는 우리에게 탐욕의 끝을 말한다. 땅이 없다는 빠홀이라는 소작농의 푸념을 엿들은 악마가 그를 부유하게 만들어 주지만 땅에 대한 끝없는 욕심으로 결국 허망한 죽음을 맞아 구덩이에 묻히고 만다는 이야기이다.
>
> 빠홀에게 얼마나 많은 땅이 필요했을까? 고작 1미터 80센티미터였다. 그만한 땅이면 그의 무덤을 만들기에 충분했다. 누구도 죽음 너머까지 부를 가져갈 수 없다.
>
> 사람이 만일 온 천하를 얻고도 자기를 잃든지 빼앗기든지 하면 무엇이 유익하리요 눅 9:25
>
> — 윌리엄 폴라드 『크리스천 경영의 달인』 중에서

대신 가난한 사람들이 골고루 혜택을 볼 수 있도록 설계도를 신문에 무료로 공개하여 누구나 그 이익을 누리게 하였다. 그는 덕을 쌓는 것이 부자가 되는 것이라 믿었던 것이다. 이러한 탐욕이 없는 마음은 평소 그가 실천하였던 13가지 덕목에서도 잘 드러난다.

절제 | 정숙 | 질서 | 결심 | 절약 | 근면 | 진실 | 정의 | 중용 | 청결 | 침착 | 순결 | 겸손

그는 이 13가지 덕목을 50년 동안 수첩에 적어 늘 마음에 새기고 실천하며 탐욕이 자라지 않도록 자신을 경계하였다고 한다. 이러한 그의 욕심 없는 마음이 이루어 놓은 업적은 오직 강하고 쟁취하는 것이 부를 이루는 지름길인 것처럼 말하는 흔한 논리를 보기 좋게 뛰어넘는다.

그의 성공 이유는 남다르거나 요란스럽지 않았다. 항상 평온한 마음을 유지하려 애썼고 탐욕이 자신을 지배하지 못하도록 일주일 내내 조심스러운 삶을 살았다.

프랭클린은 탐욕 없이도 성공하며 부자가 될 수 있다는 것을 보여준 전형의 인물이다. 절약하고 절제하는 마음, 다른 사람을 배려하는 마음이 부자를 만드는 주요 인자라는 것을 증명한 것이다.

그리스도인의 부는 욕심을 바탕으로 할 수 없다. 탐욕은 하나님의 방법에서 멀어지게 하고 재물의 가치를 왜곡하기 때문이다.

부자가 되는 가장 빠른 길

> 다만 너희는 그의 나라를 구하라 그리하면 이런 것들을 너희에게 더하시리라 _눅 12:31

부를 정의하기 위해 성경에서 이것보다 많이 인용되는 문구도 없을 것이다. 이 말씀보다 더 정확히 성경의 부를 표현하는 것도 없기 때문이다. 하지만 이 구절을 정확히 실천하는 사람이 많지 않다는 것도 사실이다.

그리스도인임에도 재정이 어려워 세상의 주인이기보다는 약자로 살아가는 이가 많다. 이것은 위의 말씀을 정확히 이해하지 못해서이다. 누가복음 12장에도 역시 이를 알아듣지 못하는 한 인물이 나온다.

한 부자가 있었다. 밭의 소출이 풍성해 이전의 창고로는 곡식을 다 보관할 수 없을 지경이었다. 부자는 자신의 재물이 행여 상하여 제값을 받지 못할까 봐 전전긍긍하다 마침내 더 크고 튼튼한 창고를 지어 모든 곡식을 보관하기로 했다.

이 문제는 부자에게 엄청난 스트레스였던 것 같다. 모든 걱정거리를 해결하기 위해 얼른 창고를 지은 후 힘들었던 자신의 영혼을 위로하고, 평안히 쉬고 먹고 마시고 즐기고자 하였을 정도였다.

그런데 예수님은 이 부자가 생각지도 못한 문제를 던진다.

"네가 그 모든 재물을 아끼지만 네 영혼을 데려가면 그것은 누구 것이 되겠느냐?"

"애써 모은 재물을 원하는 큰 창고에 들이고 네 영혼을 위로하며 안전한 마음으로 먹고 즐기는 것은 좋은데 그 영혼을 앗아간다면 도대체 무엇에 소용이냐?"

많은 소출로 창고가 차고 넘쳐 부러울 것 없던 부자는 갑자기 말문이 막히고 만다. 예수님은 다시 말씀하신다.

> 자기를 위하여 재물을 쌓아 두고 하나님께 대하여 부요하지 못한 자가 이와 같으니라 눅 12:21

세상에는 두 부류의 부자가 있다. 자신에게 부자인 사람과 하나님께 부자인 사람이 그것이다. 두 부자는 관심을 두는 곳이 각자 다른데 전자는 보이는 재물에 집중하고 후자는 영혼에 집중하였다.

예수님은 궁극적으로 하나님 앞에서 부자가 되면 재물의 부도 이루어진다는 것을 보여주신다. 관점은 부를 결정하는 분이 누구인가에 있다. 그것을 간파하는 자는 하나님의 부자가 될 수 있다.

예수님은 먹고, 입고, 마시는 것을 염려하지 말라고 하시면서 하늘 아버지께서는 이 모든 것이 필요하다는 사실을 안다^{마 6:32}고 하셨다. 그리스도인에게 재물이 필요하다는 것을 너무나 잘 알고 계신 것이다. 재물은 하나님이 주신 선물이다.

예수님은 당신이 온 것이 양으로 생명을 얻게 하고 더 풍성히 얻게 하려는 것이라고 하셨다^{요 10:10}.

이와 같은 말씀을 근거로 본다면 그리스도인은 당연히 부자가 되어야 하고 그것은 그렇게 어려운 일이 아닌 것처럼 보인다. 하나님이 그리스도인에게 재물을 적극적으로 주시고자 하는 의지를 보이시기 때문이다. 그렇기에 부자가 되는 가장 올바르면서도 빠른 길은 '하나님의 나라'를 구하는 것에 있다. 그러면 재물은 우리의 필요를 아는 하나님이 채워 주신다.

하나님이 주는 부는 사람의 노력으로 얻을 수 있는 부와 그 양에서 비교할 수 없다. 그리고 이를 채우는 방법에서도 세상과 다르다.

▎돈은 마음과 연결되어 있다

아담이 받은 재물은 세상을 다스릴 수 있는 권력이었고, 요셉은 대제국의 총리가 되었다. 솔로몬에게는 그 누구도 가져 보지 못한 재물을 누릴 수 있는 영광을 허락하셨다. 이것이 바로 하나님의 스케일로 주시는 축복인 것이다.

그렇다면 궁금한 것이 생긴다.

"과연 구하라는 '그의 나라'는 무엇이지?"

"육신의 한계를 지닌 사람이 무엇으로 하나님의 나라를 구할 수 있는 거지?"

답은 의외로 간단하다.

하나님의 나라는 그분의 사랑이 표현되는 곳이다. 가난하고 없는 자를 구휼하는 곳에 하나님의 사랑과 기쁨이 드러난다. 그러기 위해 재물을 사용하는 것이다. 이것이 하나님의 나라를 구하는 첫 번째 발걸음이다.

사람의 가치관은 많은 영역에서 돈과 연결되어 있다. 돈이 가는 곳에 마음이 가고, 돈이 사용되는 곳에 그 사람이 있다. 돈은 곧 그 사람의 마음과 육체를 결정하는 중요한 바로미터가 되는 것이다.

조지 뮬러는 일생에 1만 번의 기도 응답을 받았다고 한다. 하루에 한 번씩 그의 기도가 응답받았다고 하더라도 3년이면 1,000일, 1만 번이면 30년 세월 동안 하나님과 함께 하였다는 것이다. 실제로 전 인생을 하나님의 도움으로 살았음을 알 수 있다.

그는 부자가 아니었다. 지갑은 늘 8실링 또는 3실링이 전부였지만, 동전 세 닢이 남을 즈음 하나님은 필요한 만큼 그를 채워 주셨다. 그는 자신의 배를 채우는 것보다 주위를 먼저 생각했으며 자신의 이름을 높이는 것보다 하나님을 높이는 것에 관심을 집중했다. 하나님은 그런 뮬러를 사랑하셨다.

그는 가난하였기에 하나님의 나라를 누리는 부자가 될 수 있었다. 주머니가 비어 있었기에 주인의 재물을 사용할 수 있었다. 인색하지 않은 주인은 항상 그를 살피시고 필요를 공급하셨다. 뮬러가 부자였던 것은 하나님의 이름을 먼저 부르짖었기에 가능한 일이었다.

부자가 되는 가장 빠른 길을 알다

수원에 있는 한 사람한테서 재정 컨설팅 요청을 받게 되었다. 그는 부채가 1억5,000만 원이나 있었으며, 프리랜서 직업이라 퇴직 예정 시기를 정확히 알 수 있는 상황이 아니었다. 부채로 인한 이자 부담은 그의 미래를 불안하게 했다.

전문가의 입장에서 자산 증식과 부채 상환의 병행을 권유하였다. 다행히 소득이 적지 않은 터라 얼마간 고생을 감수하면 이것이 별로 어렵지 않을 것이라 판단하였다. 게다가 연령이 높고 퇴직 자금 확보가 안정적이지 못한데다 퇴직 연령 역시 예측할 수 없었기에 두 가지를 동시에 이루고자 하였던 것이다.

그 제안서는 스스로 보기에 완벽했다. 이대로만 한다면 그를 곧 고통에서 구해낼 것만 같았다. 그 제안서가 재정 상황에 대처하는 가장 효과적인 방법이라 믿으며, 이것보다 더 나은 것은 없다고 생각하였다.

  그러나 상담은 처음부터 삐걱거렸다. 자산의 증가보다는 부채를 우선 상환하기로 결정한 그의 마음을 설득할 수가 없었던 것이다. 부채 때문에 매일 밤 걱정하며 잠자리에 들어야 하는 자신을 구해내고 싶다고 하였다. 아무리 좋은 금융 상품이 있다 하더라도 지금은 매달 대출 이자로 빠져 나가는 금액 때문에 상심한다고 하였다.

  돌이켜 보면 그 제안서에는 사람의 마음을 살피는 세밀함은 없이 단지 기계적인 분석만 있었다. 교회에서 강의할 때는 크리스천 재정 전문가가 되지만 일반인을 상대할 때는 나의 신앙과 이력은 아무 능력을 발휘하지 못하였던 것이다. 신앙이 없는 그들을 상대할 때, 내 신앙은 필요 없다고 판단한 것이다.

  크리스천 재정 관리 컨설팅을 한다고 하였지만 하나님에 대한 사업

INTO

고아의 아버지 조지 뮬러의 구제 원칙

1. 은밀히 행해야 한다.
2. 구제의 공급자로 하나님 한 분만 삼았다.
3. 모든 소유물이 하나님의 것임을 알고 청지기의 삶을 충실히 산다.
4. 내가 얼마나 많은 것을 얻을 수 있는가보다 오히려 얼마나 남에게 줄 수 있는가에 관심을 두었다.

계획서는 없었다. 이 일을 왜 하는지, 어떻게 하나님의 이름을 높일 것인지는 사업 계획서에 들어 있지 않았다. 오직 성공이라는 목표만이 계획의 전부였다. 지식과 경험이 이것을 가능하게 하리라 생각했다. 일 년 동안 아무 일도 할 수 없었다. 누구도 나를 찾아주지 않았으며, 주머니가 비는 사이에 성공에 대한 확신이 흔들려갔다.

빠르게 성공하려고만 했지 그 방법을 알지 못했다. 그의 나라와 의를 구하는 것을 왜 우선해야 하는지 알지 못했다. 때론 둘러 가는 것처럼 보이는 길이 사실은 제일 빠른 길임을 알아차리지 못했다. 단지 하나님을 팔아 장사를 하려고 하였던 것이다. 뮬러를 몰랐다. 어떻게 그가 단 몇 실링을 주머니에 넣고도 성공할 수 있었는지 알지 못했다.

부자가 되기를 원하는 이들에게 아뢴다. 부자가 되는 가장 빠른 길은 자신의 능력으로 되는 것이 아니다. 그 방법은 바로 하나님이 가지고 있다. 그것을 얼마나 일찍 볼 수 있느냐에 따라 부자가 되는 시간은 단축된다. 내가 가지고 있는 것을 세기보다는 하나님의 이름을 높이는 방법을 헤아리는 것이 부자가 되는 첩경이다.

부자의 열쇠, 십일조

> 너희 대적을 네 손에 붙이신 지극히 높으신 하나님을 찬송할지로다 하매 아브람이 그 얻은 것에서 십분의 일을 멜기세덱에게 주었더라 _창 14:20

아브라함이 아버지의 집이 있던 하란을 떠난 지 9년 후, 그의 나이 84세에 사건이 발생한다. 가나안 북부에 위치한 네 개의 동맹국이 엘람 왕에게 12년간 조공을 바쳐 왔는데 이를 거부하자 전쟁을 일으킨 것이다. 이 사건으로 소돔에서 살던 아브라함의 조카 롯이 포로로 잡혀갔다. 소식을 들은 아브라함은 단까지 쫓아가서 그들을 물리치고 롯을 되찾아 오는데, 그때 사웨 골짜기에서 소돔 왕이 그를 영접하였다.

그런데 이 장면에서 특별한 인물이 한 명 등장한다. 전쟁 영웅을 환영하는 인파 속에 멜기세덱이라는 인물이 있었다. 성경은 그가 살렘 왕이면서 동시에 제사장의 직분으로 떡과 포도주를 가지고 나와 하나님의 이름으로 아브라함을 축복했다고 표현하고 있다창 14:18.

유대인의 제사 제도에서는 왕과 제사장의 이중 직분은 허용하지 않는다. 따라서 멜기세덱의 지위는 유대인이 이해하거나 받아들일 수 없는 것이었다. 더욱이 제사장 직분을 수행한 레위 지파인 아론의 서열을 초월하여 이방인으로서 제사장의 직분을 수행한 멜기세덱을 창세기 저자인 모세는 제대로 설명하지 못한다.

그는 참으로 신비로운 사람이었다. 히브리서는 '그가 부모도 없고 족보도 없으며 시작한 날도 끝도 없이 하나님의 아들과 닮아서 항상 제사장으로 있다'히 7:3고 묘사하고 있다.

십일조는 여호와 하나님과 맺은 언약으로 시작한 이스라엘의 형성기에 이미 정규적인 종교 의무였다. 이것은 우선, 예배를 시중드는 자들인 레위인을 부양하는 목적으로 사용되었다. 그리고 다양한 계층의 가난한 사람을 부양하기 위해 사용하는 것이 십일조의 또 다른 용도였다.

뿐만 아니라 추수나 혹은 다른 성공적인 사업(전리품)을 축하하는 의식의 용도로도 사용되었고, 서원의 성취를 위한 제물의 기능도 포함하고 있었다. 그렇지만 시간이 흘러가면서 예배 처소를 담당하는 사람들의 부양을 위해 사용하는 것이 유일한 기능이 되고 말았다. 십일조는 이와 같이 다양한 기능과 목적에 의해 마치 습관처럼 드렸다.

이런 배경에서 아브라함은 전쟁에서 얻은 것의 십분의 일을 멜기세덱의 축복에 대한 대가로 주었는데, 이것은 그를 제사장으로 인정한다는 의미였다.

▮ 부를 놓치고 있는 사람들

아브라함이 두말없이 자신이 가진 것을 내어 준 것은 그 자리에서 당연히 해야 할 일이었고 전쟁을 이기게 한 하나님께 드릴 몫이었다. 하나님과 교감하며 성공을 위해 가장 먼저 드려야 할 의식으로서 감사의 표현이자 승리의 조건이었던 것이다.

그런데 여기서 주의하여 살펴야 하는 것은 아브라함의 태도이다. 멜기세덱이 누구이든, 그의 위치가 어떠하든 제사장 직분을 맡고 있는 그에게 아브라함이 아낌없이 십일조를 드렸다는 점이다.

그러나 현세를 사는 그리스도인에게는 십일조에 대한 평가를 올바르게 내리는 사람도 없으며 따라서 이를 제대로 시행하는 사람도 없다. 한 기독교 신문사에 의하면 교회 내에서 십일조를 정기적으로 드리는 사람은 40% 이하라는 보도가 있었다. 이것은 심각한 현상이다. 교회 운용이 어려워서 심각한 것이 아니라 십일조를 드리지 않음으로 쟁취할 부를 놓치는 심각함이 더 크다 하겠다.

아브라함이 드린 십일조의 기능은 자신의 서원을 이루기 위한 것과 성취에 대한 감사의 표현이었다. 현대어로 풀이한다면 부를 이루게 해 달라고 십일조를 드리는 것이고, 부를 이루었으니 감사의 마음을 드리는 것이 바로 십일조이다.

　이것은 소득의 수준에 따라 해도 그만, 하지 말아도 그만인 문제가 아니다. 그리스도인으로서 소득이 있고, 부자가 되기를 원한다면 당연히 드려야하는 것이다. 그리고 지금 부자라고 한다면 감사를 표현하는 것이 바로 십일조이다.

　성경에서는 누가 십일조를 사용하였다면 그것을 갚기 위해서는 십일조의 오분의 일, 즉 20%를 더 바쳐야 한다고 분명히 말하고 있다레 27:31. 십일조가 하나님의 것으로서, 축을 내서는 안 된다는 사실을 분명히 기록하고 있는 것이다.

▎부의 시작과 끝, 십일조

　나는 수많은 가정을 대상으로 재정 상담을 진행했지만 십일조를 내고 있다는 자료를 제출한 가정은 매우 드물었다. 우리나라 인구의 15~20%가 그리스도인이라면 100가정 중 최소 15가정은 십일조 항목이 발견되어야 하는데, 지금까지 십일조를 정확하게 내고 있다는 가정은 거의 찾아볼 수 없었다. 물론 기독교인의 가계 중에도 재정이 어려운 경우가 있는 것은 사실이다. 어려운 경제 상황에 소득의 십일조를 제하고 나면 벌써 적자가 시작인 가정도 많다. 빚도 갚아야 하고 자녀들 교육비도 내야 하며 노후를 위해 저축도 해야 한다. 도저히 답이 나오지 않는다.

아니면 십일조의 가치를 헤아리지 못하고 아까운 마음에 헌신하지 못하는 경우도 허다하다. 그렇게 십일조를 생략하고 남은 돈으로 자녀의 학원을 하나 더 등록한다. 이것이 현대의 그리스도인이 십일조를 대하는 태도이다.

그런데 그 십일조를 줄인 만큼 더 나은 환경과 자녀의 성장을 기대하겠지만 유심히 살펴보면 그것을 이루어내는 가정 또한 거의 없다. 오히려 십일조의 생략이 가져오는 한계비용이 더 크다.

첫째, 십일조를 내지 않으니 그 가정을 위해 축복을 빌어 줄 사람이 없다.

둘째, 자녀가 십일조보다 중요해졌으니 신앙이 자녀 사랑보다 깊을 수 없다.

셋째, 성공이라는 부를 이룰 수 있는 가장 중요한 기반인 하나님의 축복을 저축할 수 없다.

이를 정리하면 십일조를 하지 않는 가정은 부자가 될 수 없다는 결론에 이르게 된다.

십일조는 부의 시작과 끝이라고 하였다. 어느 목사님은 개업 예배 뿐 아니라 폐업 예배도 드려야 한다고 주장한다. 시작은 감사하고 망해서 없어지는 것은 감사할 일이 아닌가?

어느 가정은 꾸준히 십일조를 드리므로 성공을 쟁취하였다. 사업을 시작하던 시절, 거래처를 뚫고 외국의 바이어를 개척하느라 돈을 버는 것은 고사하고 가지고 있는 자본금은 점점 줄어들고 있었다. 처음 몇 해는 겨우 몇 십만 원 벌이를 해야 할 정도였다. 그러나 그런 중에도 십일조를 분명하게 구별하여 하나님께 드렸다. 그것에는 성공에 대한 꿈과 기도를 함께 드린 것이다. 쉬지 않는 십일조와 기도로 하나 둘씩 주문이 들어오고 소득이 늘어나 지금은 옛날과 비교할 수 없는 십일조를 드리며 부를 누리고 있다.

기독교인은 더욱 돈 관리를 잘 할 수 있어야 한다. 소득의 십일조나 헌금 같은 것은 비기독교인의 지출 항목에는 들어 있지 않은 것이다. 때문에 같은 소득 수준이라고 하더라도 기독교인은 더 생활비를 쪼개어 생활

> **INTO**
>
> ### 십일조로 얻은 열배의 복
>
> 직장도 없던 무일푼 청년, 찰리 페이지는 거리를 걷던 중 구세군의 길거리 전도를 보게 된다. 한 여성이 헌금을 걷으며 한 바퀴를 돌고 있었다. 헌금할 돈도, 음식 사먹을 돈도 없던 그는 여성에게 사정을 이야기했다. 그러고 나니 그 여성은 1불을 꺼내주더니 그 중 10센트를 헌금하라고 하곤 이후 모든 수입의 10분의 1을 하나님께 바치면 돈이 떨어져 고생하는 일은 없을 것이라고 했다.
> 얼마 후에 찰스 페이지는 직장을 얻었고, 그 여성의 말대로 십일조 생활을 했다. 그렇게 그는 세월이 흘러 백만장자의 명단에 올랐고, 여러 개의 병원을 지어 예수의 이름으로 많은 자선 사업도 했다. 나머지 아홉에 하나님의 복이 임하니 열배 이상의 효과가 나게 된 것이다.

해야 한다. 그만큼 지혜가 필요한 것이다. 아껴 쓰는 것은 물론이고 자산이 늘어날 수 있도록 늘리는 것에도 더 적극적인 관심을 두어야 한다.

재물이 왕처럼 군림하는 자본주의 사회에서 십일조는 결코 쉬운 일이 아니다. 하지만 반대로 그 재물을 더 많이 얻고 부자가 되기 위해서는 십일조가 필요하다. 록펠러는 십일조를 계수하는 직원을 따로 두었다고 한다. 많은 이들이 이렇게 말한다.
'돈을 많이 벌면 나도 그렇게 하겠다.'
하지만 그는 많은 돈을 벌기 전부터 십일조를 정확하게 드렸다는 것을 기억해야 한다. 그 노력이 복을 받은 것이고 지금의 십일조는 이전 모습의 연장선에 있을 뿐이다.

> 만군의 여호와가 이르노라 너희의 온전한 십일조를 창고에 들여 나의 집에 양식이 있게 하고 그것으로 나를 시험하여 내가 하늘 문을 열고 너희에게 복을 쌓을 곳이 없도록 붓지 아니하나 보라 _말 3:10

성경의 약속처럼 십일조는 부를 완성해 주는 가장 정확한 방법이다. 우리가 기억해야 할 것은 하나님이 즐겨 내는 자를 기뻐하신다는 말씀이다. 마음에 기쁨이 있는 자, 기대가 있는 자가 드리는 것을 원하신다는 것을 기억해야 한다.

실패를 이기는 믿음

> 그가 이르되 그대의 말이 한 어리석은 여자의 말 같도다 우리가 하나님께 복을 받았은즉 화도 받지 아니하겠느냐 하고 이 모든 일에 욥이 입술로 범죄하지 아니하니라 _욥 2:10

욥은 세상에서 경험하는 역경의 이유와 그것을 어떻게 극복해야 하는지 잘 설명하는 인물이다. 그는 건강한 신앙과 많은 재물을 가진 부자였다. 악에서 떠난 사람이었고, 소유한 재물은 '동방에서 가장 큰 자'라는 표현을 빌릴 만큼 많았다. 또 아들들이 죄를 범하여 하나님을 배반할까 하여 생일마다 자식의 수만큼 번제를 드릴 정도였다.

큰 부자이면서 신앙에 투철하며 도덕적인 사람이었던 욥은 가장 성경적인 부자라고 감히 말할 수 있다. 그러나 이렇게 완벽한 자에게도 시련은 닥친다. 가장 아름다운 모습으로 하나님과 호흡했던 욥은 사단이 시기하기에 충분했다.

　사단의 관심은 욥의 영혼이었다. 영혼을 괴롭혀도 여전히 하나님께 충성스런 모습을 유지할 수 있을까? 이를 시험하기 위해 사단은 재물을 없애고 그 자녀와 종들을 제거하기에 이른다. 물론 욥의 영혼이 고통받았음은 말할 것도 없다.

　불이 하늘에서 내려와 창고마다 넘쳐나는 재물을 살라 버렸고, 태풍과 칼에 의해 자녀와 종들을 잃은 고통은 뼈가 살갗을 뚫고 나오는 것만 같았다. 머리털을 밀고 겉옷을 찢으며 견뎠지만 사단의 행사는 끝이 아니었다.

　사단은 더욱 과감하게 욥의 신체를 괴롭히기로 한다. 신체적 아픔은 극심한 통증을 일으킨다. 욥의 몸은 악창으로 뒤덮여 기와 조각을 가져다가 긁어야 할 정도였다. 발바닥에서 시작한 부스럼은 정수리까지 퍼져 얼굴조차 알아보지 못할 만큼 상해 있었다.

　이만큼 했으니 포기해야 하지 않을까?

　'이제 나는 더 이상 참지 못하겠다! 이 고통을 주는 하나님을 저주한다!'

　이것이 사단이 욥의 입을 통해 듣고자 하는 말이었다.

　하지만 이 말은 다른 곳에서 터져 나왔다. 욥의 아내는 가장 완벽했던 남편의 고통을 위로하다 못해 하나님을 원망하게 된다. 그 누구보다 하나님을 사랑한 대가로 받는 남편의 고통을 도저히 이해할 수 없었기에 지치고 말았다.

사단의 역사는 성공하는 듯 보였다.

'아내가 무너졌으니 이제 곧 그의 남편 욥도 넘어지리라.'

그 고통이 얼마나 극에 달했으면 욥은 자신의 생일을 저주하였을까.

'왜 났을까 차라리 나지 않았다면 이 고통은 없었을 것을….'

그러나 그는 여전히 하나님을 붙들고 놓지 않았다. 오히려 하나님을 원망하는 아내를 향해 하나님께 복을 받았으니 화도 받지 않겠느냐고 말해 입술로 범죄하지 않았다. 그는 하나님을 원망하지 않았던 것이다.

▌역경을 이겨낸 자의 해피엔딩

또 한 무리의 역경이 있었는데 바로 친구들이었다. 평소 신앙에 관해 담론하던 사이의 세 친구와 나눴던 대화는 지적이었으며 논리적이었고 즐거웠다. 하지만 욥이 경험하는 고통을 이해할 수는 없었다. 그들이 알고 있는 신앙의 기준으로, 욥이 하나님께 어떤 죄를 지었기에 고난을 당하고 있다고 판단하였다.

'아무리 부르짖어도 어리석고 간사한 욥을 용서하지 않으시니 빨리 하나님께 용서를 구하고 나아가야 한다!'

친구들의 현란한 언변은 칼날이 되어 욥을 베었다. 형편을 이해하지 못하고 단순한 성경적 지식으로 다그치는 친구들은 정신적인 고통을 배가했다. 그는 고통의 가장 밑바닥에 떨어졌다. 재물은 사라지고, 자녀들은 생명을 잃었다. 가장 믿었던 아내 역시 자신을 떠나갔으며 친구들은 그를 이해하려 하지 않았다. 더 이상 잃을 것이 없다. 이보다 더 깊은 바닥은 없다.

하나님이 살아계시다는 사실을 인정한다면 그분의 말씀과 가르침에 충실한 욥이 고난을 당하는 것은 이해할 수 없다. 이 역경을 어떻게 설명할 수 있겠는가? 이것은 하나님의 말씀과 어긋나는 것처럼 보인다. 그리스도인이 이와 같은 환경에 처한다면 그 원인을 어디서 찾아야 하고 어떻게 대처할 수 있을까? 혼란스럽다.

하지만 하나님은 사단에게 욥을 회복하시리라 약속하셨다. 재물과 주변 사람은 마음대로 해도 욥의 생명만큼은 보존할 것을 몇 번에 걸쳐 사단에게 명령하신 것이다. 이것은 잃어버린 것들의 회복을 암시하는 표현으로, 너무나 분명한 하나님의 의지였음을 알 수 있다.

이를 증명하듯이 그는 더 이상 떨어질 수 없는 바닥에서 화려한 꽃처럼 다시 피어오른다. 하나님은 그를 위로하시고 이전의 재물에 곱절을 더하여 주셨다. 끝까지 붙들고 있었던 것을 놓지 않았기에 얻을 수 있는 승리였다. 마침내 욥기는 해피엔딩으로 끝이 난다.

명문가를 이룬 유계준 장로의 재물

그러나 현실의 삶은 대다수 행복한 결말이 아닌 것처럼 보인다. 그리스도인 역시 재물로 인해 영혼의 고통을 경험한다. 바로 그때, 문제를 해결하고 더 큰 부자가 되기 위해서는 하나님께 집중해야 한다. 이를 통해 영혼의 풍성함을 확보한다면 재물을 얻을 수 있지만 재물을 채운다고 영혼의 풍성함을 도모할 수는 없다.

영혼이 고통 속에 있다면 재물은 늘어나지 않는다. 사단조차도 재물은 하나님이 허락하시는 것이지 자신의 권한에 있지 않다는 것을 고백하고 있다.

> 주께서 그와 그의 집과 그의 모든 소유물을 울타리로 두르심 때문이 아니니이까 주께서 그의 손으로 하는 바를 복되게 하사 그의 소유물이 땅에 넘치게 하셨음이니이다 이제 주의 손을 펴서 그의 모든 소유물을 치소서 그리하시면 틀림없이 주를 향하여 욕하지 않겠나이까 _욥 1:10-11

이처럼 사단은 가진 부를 빼앗아가려고 하지만 하나님은 그리스도인에게 풍성히 주고자 하신다. 그리고 하나님에 대한 신뢰가 무너질 때 사단이 원하는 것을 이루는 환경이 만들어진다. 주위에 일어나는 고통스러운 상황은 사단의 역사이다. 이것을 이해하고 극복할 수 있어야 복이 따라온다.

욥은 고통 속에서 재물을 늘리려고 노력하지 않았다. 오직 하나님을 바라보며 사단과 싸웠다. 여기에 참된 부자의 요점이 숨어 있다.

명문가를 이룬 순교자로 잘 알려진 유계준 장로의 인생은 그런 면에서 우리에게 큰 도전을 준다. 1879년 평안남도 안주군에서 태어난 그는 농토와 머슴들이 많은 부자로 그 지역에서 꽤 영향력 있는 집안에서 유복한 어린 시절을 보낸다. 그러나 아버지 유선덕의 질병으로 가세가 기울어 13세 때 평양으로 나와 직장을 구해 연명을 해야 할 처지에 놓이게 되었다.

이후 청·일 전쟁을 계기로 평양 교외의 미림리라는 곳에서 상점 주인의 딸과 결혼해 독자적인 술도가를 시작했는데, 어느 정도 자리를 잡자 술꾼들과 어울려 세월을 보내게 된다.

그런 그의 삶에 변화가 온 것은 한 외국인 선교사의 전도에 마음이 감동되면서부터였다. 예수를 전하는 사람을 관가에 고발하기까지 했던 그였기에 더욱 놀라운 일이었다. 아내는 중생이란 뜻이 무엇인지 남편을 보고 알았다면서, 맹수 같았던 사람이 복음으로 사람이 달라졌다고 놀라워하기까지 했다.

이후 유 장로는 소금 장사로 큰 돈을 벌어 일본까지 자신의 이름을 알렸고, 소금 수출로 번 돈을 독립운동과 교육사업, 구제사업에 쏟아부었다. 일제의 수탈로 굶어 죽는 사람이 많음을 알고 노인들을 위한 양로사업에도 관심을 쏟았다.

그뿐만 아니었다. 일제에 항거하며 창씨개명과 신사참배를 끝까지 반대한 민족의 거목으로까지 자라게 된다.

해방 후 들어선 공산당 정권 아래에서는 산정교회의 징발 명령에 대해 교회 문을 부여잡고 바닥에 드러누우며 할 수 있는 모든 방법을 동원해 항거하기도 했다. 그러던 중 6·25전쟁이 발발하고, 북진하는 육군에 밀려 퇴각하던 공산군은 평양형무소에 수감되어 있던 유계준 장로를 사살하고 말았다.

과연 유계준 장로의 인생은 늦게 된 욥이었다. 그는 재물의 쾌락을 누리며, 자신이 지니고 있던 능력에 취해 있었다. 그러다 하나님을 만나면서 변화되어, 그의 삶은 온전히 그분에게 집중하게 된다. 모든 재물은 하나님의 이름을 높이는 데 사용했으며, 생명의 위협에서도 하나님을 향한 눈빛은 조금도 변하지 않았다.

욥이 생전에 하나님의 회복을 경험하였다면, 유 장로는 그의 후손에 의해 하나님이 주시는 영광을 누리는 경험을 하였다. 슬하의 8남매는

> **INTO**
>
> ### 실수에서 배울 수 있다
>
> 성공은 훌륭한 판단의 결과이다. 훌륭한 판단은 경험의 결과이다. 경험은 잘못된 판단의 결과일 때가 많다. 끈기 있게 계속하라! 상황을 개선하기 위해 노력하고 또 한다면 자신의 '실수'에서 배울 수 있고, 그러고 나면 성공할 수 있다.
>
> — 앤서니 라빈스의 『내 인생을 바꾼 성공노트』 중에서

의사, 병원장, 대학총장, 교수 등 미국과 한국에서 존경 받는 지도층의 지위에 올랐고, 유 장로의 자손 100여 명은 하나같이 사회의 유명인사로 활동하고 있다. 이것은 욥이 누렸던 은혜와 다를 바 없다.

하나님은 사단과 같은 공산 정권에 짓밟힌 그의 가계를 온전히 세우시고 복을 주셨다. 이처럼 부를 지키는 방법은 보이는 재물을 지키는 것이 아니라 그 주관자이신 하나님에게 집중하는 것임을 그의 삶은 보여주고 있는 것이다.

더 보기

위기에서 가계 재정의 관리 방법

하나님이 주시는 재물의 축복을 받기 위해서는 하나님에 대한 신뢰와 함께 올바른 재물관과 건강한 재정의 수입, 사용 등에 대한 습관이 중요하다.

간혹 가계에서 경제 여건이 좋지 않을 경우에는 기본적인 재정 관리 방법을 다시 살펴보는 것이 필요하다.

우선 현금의 흐름을 원활하게 하기 위해 대출 비용이 높은 부동산 등과 같이 부채 금액이 많거나 비용이 높은 자산 처분을 고려해야 한다. 부채가 더욱 증가할 가능성이 크기 때문이다.

다음으로 구체적인 지출 규모를 살펴서 가계 지출의 최적화를 찾아야 한다. 일반적으로 가계마다 약 10%정도가 누수 자금이라는 하는데, 결코 작은 금액이 아니다. 이를 위해 가장 좋은 것은 가계부의 작성이다. 누수 자금을 체크하고, 기록한 비용을 토대로 줄일 수 있는 방법을 찾아내는 데 도움을 준다.

가계부를 기초로 지출의 규모와 순서를 정해 중요하면서 급한 것, 중요한 것, 급한 것 순서로 정리한다. 적금이나 대출이자와 원리금 등의 상환은 추가 이자나 신용등급에 영향을 미치므로 중요한 것이 나가는 통장과 공과금 등의 급한 것이 빠지는 통장으로 구분해 관리하는 것이 도움이 된다.

이와 같은 구체적인 방법들이 불편하다면 무작정 매달 지출을 10%씩 줄여가는 것도 도움이 된다. 어느 정도 줄여가다 보면 더 이상 줄일 수 없는 비용이 나오는데 그 금액이 바로 가계의 최적화 지출 비용이라고 할 수 있다.

Chapter 2

부자는 부의 원천인 지혜를 준비한다

- 성공에 이르는 방법
- 부의 원천, 지혜를 확보하다
- 부의 기준을 변경하라
- 지혜의 여인, 라합

성공에 이르는 방법

> 한 사람이 두 주인을 섬기지 못할 것이니 혹 이를 미워하고 저를 사랑하거나 혹 이를 중히 여기고 저를 경히 여김이라 너희가 하나님과 재물을 겸하여 섬기지 못하느니라 마 6:24

재물은 그리스도인에게도 반드시 필요하다. 그렇기에 이것을 올바로 알고 바르게 다룰 수 있는 지혜와 능력이 필요하다.

옛날에는 재물하면 낙타나 염소, 우물, 토지, 집 등을 가리켰지만 현대에는 자동차나 요트, 가전제품 등까지 포함해 그 영역이 더욱 넓어지고 복잡해졌다. 하지만 예나 지금이나 모든 재물 중에서 가장 우위에 있는 것은 바로 돈이다.

돈은 어떤 재물과도 대체할 수 있다. 그래서 이것만 있으면 원하는 모든 것을 얻을 수 있는 위력을 지닌 것이다. 이미 세상의 그 어떤 권력과도 비교할 수 없는 자리를 차지하고는, 하나님의 자리까지 위협하고 있는 상황이다.

재물의 논리는 많은 것을 소유하는 것에 최고의 가치를 둔다. 그리스도인 역시 여기에 굴복해 재물의 노예가 되어 늘 궁핍하다 외치며 이를 채우기 위한 노력으로 분주하다. 상대적 빈곤감은 부족하지 않아도 부족하다 느끼게 하고 풍족해도 부족하게 느끼게 한다. 이것이 바로 재물의 특성이다. 재물에 대한 명확한 가치관을 세우지 못한다면 재물의 논리는 정신적인 영역에까지 영향을 미쳐 올바른 삶을 왜곡하게 만들 것이다.

중요한 것은, 그리스도인이 재물과 성공을 도구로 하나님이 주신 세상의 주인으로서의 지위를 잃지 않고 살아가야 한다는 사실이다. 그러기 위해 필요한 것이 바로 신앙과 열정, 재물을 모으는 지식과 능력이다.

부자에게는 신앙과 열정, 능력이 있다

먼저, 재물의 진정한 가치를 결정하는 신앙의 바른 기준을 세우는 것이 필요하다. 재물은 누가 가지느냐에 따라 그 가치가 엄청나게 달라진다. 도박을 좋아하는 사람은 자신의 재물을 남의 돈을 빼앗는 데 사용할 것이지만 돕기를 좋아하는 사람은 자신의 재물을 다른 이를 섬기는 데 사용하여 그 가치를 드러낼 것이다.

신앙은 돈을 사용하는 방법과 버는 방법을 알려준다. 말씀에 근거하여 자신의 소유를 사용할 곳이 정해지면 버는 방법 또한 결정된다. 그러나 이 기준이 없는 사람은 돈의 가치를 오직 자신의 쾌락과 욕심을 채우는 것에 둔다. 이것이 세상의 재물에 대한 가치이다.

그리스도인은 섬겨야 할 것과 다스려야 할 것을 잘 구분해야 한다. 섬겨야 할 것은 하나님이고, 관리해야 하는 것은 재물이다. 이러한 그리스도인의 엄격한 재물관이 흔들리면 문제가 발생한다. 관리해야 하는 것을 오히려 섬기는 경우 인생 전반에 혼란이 온다. 실제로 많은 그리스도인이 이러한 혼란에 빠져 있다. 때문에 하나님의 도움과 역사를 경험할 수 없는 것이다.

다음으로, 성공에 필요한 것은 열정이다. 이것은 성공을 구체적으로 경험하게 하는 동기가 된다. 열정은 스스로 만들어지는 것이 아니라 그 대상에 따라 타오르는 열기이다. 열정은 꿈이 있을 때 살아난다. 꿈이 없는 열정은 있을 수 없으며 열정 없는 꿈 또한 생각할 수 없다.

2008년 베이징 올림픽 당시, 온 국민은 박태환 선수의 수영 400m 자유형 금메달 획득으로 열광했다. 그동안 체형에서 유리한 서구 선수들의 전유물로 여겨졌던 자유형에서 얻은 승리였기에 더욱 값진 것이었다.

사실, 외국 선수들과 비교할 때 박태환 선수의 신체적 약점은 엄청나다. 경쟁자인 펠프스나 해켓, 이완 소프 등과 비교할 때 키에서는 10~16cm, 체중에서는 13~23kg까지 차이가 나니 똑같이 물살을 갈라도 키와 힘에서 차이가 날 수밖에 없었다.

하지만 그는 연습을 위해 웨이트트레이닝과는 별도로 매일 1만 8,000m를 수영했다고 한다. 18세 청소년의 즐거움도 뒤로한 채 이런 엄청난 훈련에 대한 열정과 금메달에 대한 꿈을 품고 최선을 다한 결과로 신체적 약점을 극복할 수 있었던 것이다. 박태환 선수의 노력을 가능하게 한 것은 꿈이었고, 결국 이것은 신화를 만들었다.

하지만 그리스도인임에도 여전히 꿈이 없이 사는 사람이 있다. 하루하루 사는 것에 만족하지만 전체적인 삶에 대한 그림이 없다.

하나님은 분명히 그리스도인이 꿈을 꾸어야 한다고 말씀하신다. '믿음은 보지 못하는 것의 실상'이라고 하는, 즉 명령하고 있는 것이다. 이것이 하나님의 의도대로 나의 인생을 사는 가장 현명하고 효율적인 방법이다.

성경의 위대한 인물은 모두 꿈이 있었다. 모세는 가나안 땅에 들어가는 꿈을 하나님께 받았고, 다윗은 왕이 되는 꿈이 있었다. 요셉은 애굽의 총리가 되는 꿈이 있었으며, 바울은 예수님의 말씀을 땅 끝까지 알리고 증인될 꿈을 꾸었다. 그 꿈은 그들의 인생을 성공으로 인도하였고, 이내 훌륭한 삶의 모습으로 우리에게 남아 있다.

| 윤리적인 투자 전략이 거둔 템플턴의 성공

마지막으로, 재물을 모으는 지식과 능력을 키워야 한다. 재물은 세상을 사는 가장 중요한 수단 중 하나이다. 이것을 소유한 사람은 사회에서 적절한 지위를 보장받게 될 것이고, 없는 사람은 약자의 삶을 살 수밖에 없다.

이미 하나의 권력인 재물을 무섭다고 마냥 피하기만 한다면 그것은 패배자로 살아가는 것이다. 하나님은 그리스도인에게 적극적으로 재물을 주를 원하신다. 패배자와 유약한 자가 아니라 재물을 가진 자로서 세상을 다스릴 수 있는 능력을 주기 원하신다.

재물은 수단이자 부속물이기에 그 자체가 꿈이 될 수는 없다. 그러나 반대로 성공하였다 하더라도 재물이 부족하면 그것 역시 완전한 성공이라 할 수 없다. 재물은 성공을 설명하는 또 다른 단어이기 때문이다. 성공을 꿈꾸는 그리스도인은 반드시 재물 모으는 기술을 알고 이를 익혀야 한다.

월스트리트를 이끄는 최고의 펀드매니저인 존 템플턴은 세속적 성공을 거둔 투자가들을 능가하는 세계 최고의 전략적 투자가로 유명하다. 그는 젊어서부터 재물을 모으는 방법에 대해서 관심이 많았다. 대공황이 한창이던 1930년 예일대학에 입학한 템플턴은 학비를 마련하기 위해 대학 만화 잡지 부책임자, 교지 회장 등을 맡아 아르바이트 비용을 벌기도 하였다. 그는 1934년, 교지의 이익 배당금으로 받은 800달러로 증권 계좌를 개설해 투자가로서 성장을 꿈꿀 수 있었다.

그의 재물에 대한 이해와 지식은 남다른 투자 철학을 만들어 내었고, 정확한 주식 전망은 그를 부자로 만들어 주었다.

그는 흔히 고매한 인격을 갖춘 투자자 또는 영혼이 있는 투자가라고 불린다. 템플턴은 역발상식 투자 방식을 믿었다.

'전망이 최악인 곳이 어디인가?'를 묻는 질문에 그의 대답은 '주식을 사야할 때는 비관론이 극도에 달했을 때'라고 답한다. 즉, 정신적인 성숙을 기초로 해서 전통적인 상식을 역행하는 투자 결정이 가장 높은 수익률을 낼 수 있다는 것이다.

또한 일할 때나 사람을 만날 때 '무엇을 얻을까'가 아니라 '무엇을 줄 수 있을까' 하는 마음을 지녀야 한다고 말한다. 즉, 윤리적인 투자 전략은 금전적인 성공뿐만 아니라 박애정신 고양이라는 면에서도 성공을 가져다준다는 것이 그의 생각이었다. 이러한 그의 투자 전략 성공은 회사의 성장에서도 그대로 드러난다.

1974년 그가 운영하는 투자 회사는 자산 총액이 1,300만 달러였다. 그리고 4년 후에는 1억 달러를 넘어섰으며 20여 년이 지난 1997년에는 800억 달러를 돌파하였다.

그의 성공은 여기에서 끝나지 않는다. 그는 템플턴 상을 제정해 인류애와 종교적 업적이 뛰어난 사람을 선정해 이를 후원하고 있으며, 또 자식들에게 유산을 물려주지 않고 재단을 통해 자선활동을 펼치고 있다. 진정으로 자신의 성경적인 투자 전략을 그대로 실천해 성공한 부자의 삶을 산 것이다.

이외에도 존 데이비슨 록펠러나 존 워너 메이커, 메리 케이 애쉬 등과 같이 신앙 안에서 성공을 일구어 낸 모든 사람들은 재물에 대한 이해와 노력, 기술의 습득을 바탕으로 부자가 되었다. 이들은 야곱이나 이삭과 같은 성경적 인물이 아니라 우리와 거의 동일한 시대를 살아간 인물이다.

성공을 꿈꾸는 그리스도인에게 재물은 올바른 지식과 기술을 익혀 갖춰야 할 중요한 수단이다. 이것이 없이는 부를 이룰 수 없는 것이다.

어떤 환경에서도 흔들리지 않는 신앙은 성공을 이루기 위한 가장 중요한 반석이다. 그리고 꿈은 삶을 가장 효과적으로 살게 하는 나침반이다. 하루하루 만족하는 삶뿐만 아니라 인생의 전반을 도전하는 길로 이

INTO

인생을 평가하는 하나님의 기준 두 가지

세상의 성공 기준은 남들과 비교해 우위에 서고, 과거의 나보다 나아지며, 자신이 정한 목표를 초과하는 것이다. 그러나 우리는 한계가 있는 존재이고, 우리의 기준도 변해 가기에 이 셋은 올바른 기준이 아니다. 인생 평가에 대한 하나님의 기준은 두 가지이다.
첫째, 우리 각자에게 주어진 달란트에 100% 도달했는가.
둘째, 목표에 도달하는 과정에 하나님의 방법, 즉 정직, 땀, 섬김, 사랑 등을 사용했는가.
우리가 하나님의 뜻을 이루고 그의 나라와 의를 구할 때, 실패처럼 보이는 결과를 냈다 할지라도 내 마음에는 감사와 자족이 있을 수 있는 것이다.

끄는 것이 꿈이다. 여기에서 열정은 불타오르게 된다. 이러한 요소들은 그리스도인의 성공을 가장 올바르게 알려줄 것이다. 수많은 신앙의 선배들이 이를 증명하고 있다.

  그리스도인은 하나님께 세상을 다스리는 권한을 부여받아 세상의 주인으로서 진리로 다스릴 것을 명령 받았음에도 많은 그리스도인은 그렇게 살지 못한다. 오히려 세상의 약자로 살며 자신의 존재를 정의하는 데 어려움을 겪고 있다.

  이것은 위와 같은 기준을 세우지 못하기 때문이다. 세상을 다스리는 자로서 무엇을 가져야 하고 어떻게 준비해야 하는지 정확히 알고 실천하지 못하였기에 발생하는 문제이다.

  우리는 세상의 주인으로서 성공해야 한다. 이것이 하나님의 우리를 향한 진정한 의도이다.

부의 원천, 지혜를 확보하라

> 내가 네 말대로 하여 네게 지혜롭고 총명한 마음을 주노니 네 앞에도 너와 같은 자가 없었거니와 네 뒤에도 너와 같은 자가 일어남이 없으리라 _왕상 3:12_

솔로몬은 하나님께 지혜를 구해 왕국을 평화롭게 통치했던 왕으로 잘 알려져 있다. 그러나 그가 왕이 되어 안정적인 정치를 펼치기까지 많은 어려움이 있었다. 정치적으로 매우 불안한 상황에서 왕위를 이어받은 것이다.

성경에는 솔로몬이 태어나기 전, 아버지 다윗이 그를 왕위에 앉힐 것을 하나님께 맹세한 것으로 나온다_왕상 1:30_. 그러나 다윗이 공포하기 전에는 안심할 수 없었다.

드디어 다윗이 늙자 왕자들이 두 파로 나뉘어 왕위를 두고 싸움이 일어났다. 왕자 중 가장 연장자인 아도니야는 제사장 아비아달과 군대 장관 요압과 함께 에느로겔에서 즉위를 선언한다.왕상 1:5.

제사장과 나라의 핵심 전력인 군대 장관이 모두 그동안 호시탐탐 왕위를 노리던 아도니야 편을 든 상태에서 솔로몬은 어떻게 될까? 한 나라에 두 왕이 있을 수 없듯이 그에게는 오직 죽음이 기다릴 뿐이었다.

솔로몬은 이 정국을 타개할 방법으로 지혜가 필요하다는 것을 알았다. 그는 왕위를 잘 유지하는 것은 물론 강성대국을 이어 안정된 정치 상황을 유지해야 할 분명한 이유가 있었다. 이것이 솔로몬이 하나님께 지혜를 구한 가장 큰 이유였다.

그는 동양과 이집트의 어떤 현인보다 더 슬기로웠고, 누구도 그를 따를 자가 없었다. 그가 지은 잠언은 3,000편이 넘었고, 노래는 1,005편이나 되었다. 그의 명성은 사방의 모든 민족에게 퍼져 나갔으며, 통치 40년 동안 모든 나라는 솔로몬의 종주권을 인정하고 조공을 바쳤다. 백성은 부유하고 평화로웠으며, 유다와 이스라엘 백성의 수는 바닷가의 모래알처럼 불어났다. 이 모든 것은 하나님이 솔로몬에게 큰 지혜를 주셨기 때문에 가능한 일이었다.

그러나 솔로몬이 하나님께 지혜를 구해야 했던 이유는 이뿐만 아니었다. 다윗이 아들 솔로몬으로 하여금 왕위를 물려주면서 성소의 전을 건축할 것을 부탁한 것이다. 이것은 다윗이 마지막 남긴 유언이자 명령이었다.

본래 성전 건축은 다윗의 숙원 사업이었다. 40년의 통치 기간 동안 가장 이루고 싶었던 것임을 고백하였다. 간절한 마음에 건축을 위한 재료까지 준비하였으나 하나님은 전쟁으로 피를 많이 흘린 다윗에게 성전 건축을 허락하지 않으셨다 대상 28:3.

마침내 아버지에게서 이관된 이 사역은 왕으로서 솔로몬이 해야 할 과제로 주어졌기에 지혜가 필요했던 것이다.

지혜를 얻으면 재물도 얻는다

솔로몬은 왕이 되자 비로소 그 잠재된 능력을 발휘한다. 왕위에 오르자 그는 자신의 아버지가 임종 직전 그랬던 것처럼 왕하 28:1 천부장과 백부장 그리고 각 방백과 족장들을 데리고 모세가 광야에서 지었던 기브온 산당으로 가서 일천번제를 드린다.

그는 하나님과 만나 왕으로서 가져야 할 당연한 것을 구하지 않고 지혜를 요청한다. 하나님은 이런 솔로몬을 아름답게 보시고 매우 흡족해 하셨다.

누가 주의 이 많은 백성을 재판할 수 있사오리까 듣는 마음을 종에게 주사 주의 백성을 재판하여 선악을 분별하게 하옵소서 솔로몬이 이것을 구하매 그 말씀이 주의 마음에 맞은지라 왕상 3:9-10

여기서 '주의 마음에 맞은지라'는 표현은 단순한 기쁨pleased을 넘어 기다리던 딱 맞는 답을 얻었을 때 무릎을 '탁' 치는 큰 기쁨을 말한다. 하나님은 솔로몬에게 지혜롭고 총명한 마음을 주고 이전과 이후에 그와 같은 자가 일어나지 않을 것이라고 약속하신다 왕상 3:12-13.

하나님의 복은 이어진다. 지혜와 함께 구하지 않았던 재물 역시 복으로 받게 된다. 그것도 이전의 그 누구도 누리지 못한 엄청난 복을 보증받는다. 실제 솔로몬이 누렸던 지혜와 부의 크기는 가히 짐작을 할 수 없다.

솔로몬은 단지 자신에게 '지혜가 필요하다'는 것을 하나님께 구하였을 뿐이다. 그 다음은 하나님이 하셨다. 실제적인 지혜와 권력을 유지할 수 있는 재물을 하나님께서 허락하신 것이다.

이처럼 지혜는 부를 생산한다. 새로운 왕은 왕들이 흔히 요구하는 오래 사는 것이나 부를 원하지 않았다. 또 원수를 멸해 달라고도 하지 않았다. 사람이 보기에 필요한 것을 구하지 않고 하나님이 기뻐하시는 것을 구한 것이다. 그리고 지혜는 구하지 않은 것까지 덤으로 받는 복을 생산하였다.

부동산보다 현금을 신뢰하라

돈 관리에도 지혜가 필요한 것은 물론이다. 부를 평가하는 바로미터는 두 가지이다. 부동산, 금융자산, 채권 등의 자산과 들어오고 나가는 현금의 흐름을 추적하는 현금 흐름표가 그것이다.

대부분의 일반인은 자신의 자산을 평가할 때 전자의 크기에 무게를 둔다. 다시 말해, 부동산이 3억 원이 있고, 현금이 2,000만 원 그리고 부채가 5,000만 원이라고 한다면 자신의 자산을 3억 원으로 평가하기를 주저하지 않는다.

이것은 틀린 것이라 할 수 없지만 점수로는 50점짜리 답이다. 자산은 주로 잠재 자산으로 묶여 있는 경우가 많다. 부동산의 시가는 3억이지만 단지 땅으로 존재할 뿐이다. 또한 금융 자산은 3년 동안 묶여 있어 수익 여부를 알 수 없는 상황이라면 실제 자산은 얼마로 평가할 것인가?

여기에 한 가지 더해 매달 가계 지출이 소득보다 많아서 늘 마이너스를 유지하고 있다면 이 가정은 재정 상태에 문제가 있다고 봐야 한다. 이것이 잠재 자산의 크기에 고무되어 과다 지출을 감행하는 악순환으로 이어진다면 재정은 더욱 악화될 것이 뻔하다.

매달 이자를 갚기 위해 생활비보다 많은 금액을 지출해야 하고, 소비 성향이 높아 현금 흐름표가 늘 마이너스를 유지한다면 이것은 심각한 재정 상황인 것이다.

이런 현상은 사람들이 소비를 결정할 때 소득의 기준보다 자산의 크기에 따라 소비를 결정하기 때문이다.

'나는 수억 원의 부동산을 가지고 있으니 이 정도 사용해도 돼' 라고 자신에게 말한다.

의외로 이러한 딜레마에 빠진 가정이 많다. 특히 자산이 많은 가정과 그 자산의 비중이 주로 부동산에 몰려 있는 가계일수록 돈으로 고통당하는 경우가 오히려 많다. 이것은 자산의 크기에 집중하다보니 현금의 흐름에 소홀했기 때문이다.

어느 날, 강의를 마치자 40대 초반의 한 남자가 상담을 청했다. 그는 부모님이 물려 준 수십억 원에 이르는 부동산을 소유하고 있었다. '세금 문제이겠구나' 했는데, 그 생각은 보기 좋게 빗나갔다. 그는 상속을 받은 이후 갑자기 생활비가 마이너스로 돌아선 것에 대해 궁금해 했다. 상속세 등 세금의 지출이 있었지만 그것보다 왜 일상적인 생활비가 갑자기 늘어났는지 그 이유를 알지 못하겠다는 것이 그의 의문이었다.

> **INTO**
>
> ### 지혜로운 투자와 투기의 차이
>
> 성경은 지혜로운 투자의 허용을 암시하고 있다 마 25:14-29, 눅 19:12-26. 이 땅이 아니라 하늘나라에 보화를 쌓음으로 영원한 것에 투자하라는 하나님의 명령은, 올바른 관점으로 이 땅에 투자하라는 것이지 투자하지 말라는 뜻이 아니다.
> 그러므로 '영원의 관점'에서 올바른 투자 목표를 세우고 부지런히 경영을 하면 하나님이 기뻐하시는 투자가 되겠지만, 옳지 못한 목적으로 하는 투자는 '투기'로 변질되고 여러 위험 요소로 인해 우리의 삶을 망가뜨리게 된다.
>
> – 정병일의 『크리스천 투자원리』 중에서

그는 갑자기 늘어난 자산으로 인해 마음의 포만감으로 지출에 대해 너그러워진 자신을 발견하지 못했던 것이다.

이런 때는 현금 흐름표를 살피는 것이 필요하다. 잠재 자산을 의지하기보다는 보이는 현금의 흐름에 민감할 수 있어야 부자가 될 수 있다. 실현된 자산이 아니라면 그 가치를 소급해서 현재의 삶에 적용하지 말아야 한다. 자산의 평가를 원한다면 잠재 자산을 바라보는 것도 중요하지만 현재의 주머니에 얼마가 있고 얼마를 쓰고 있는지 체크하는 것도 매우 중요한 지혜이다.

그리스도인에게 있어 부의 영역은 넓고 오묘하다. 이스라엘에 수많은 왕이 있었지만 솔로몬만한 인물이 없었으며 재물 역시 그에 비견할 사람이 없었다. 이것을 가능하게 한 것은 하나님과 만남에서 얻은 지혜에서 출발하고 있음을 간파해야 한다. 지혜는 삶의 전 영역에 영향을 미친다. 말을 다스리는 방법을 제시하고 관계를 유지하고 발전하게 하며 사업을 성공하도록 하는 것이 바로 지혜이다. 지혜가 부를 일으키는 원천인 것이다.

부의 기준을 변경하라

내가 궁핍하므로 말하는 것이 아니라 어떠한 형편에든지 나는 자족하기를 배웠노니 _빌 4:11

모든 사람은 부자가 되기를 원한다. 하지만 실상 정확히 그 기준을 알고 있는 사람은 드물다. 서울에 그럴듯한 집 한 채나 로또의 최고 상금액 정도는 가져야 하는 것인지 아니면 빌 게이츠의 재산이라는 약 400억 달러는 되어야 부자라고 하는지 알 수가 없다.

때로는 이런 애매한 기준이 매우 난감한 문제를 불러일으키기도 한다. 남 보기엔 부러울 것 없이 많은 재물을 가진 사람이 가난하다고 하고 또한 경제적으로 가난하기 이를 데 없는 이가 만족스럽다고 한다. 과연 가난과 부를 결정하는 요인이 재물 외에 어떤 것이 있다는 것인가?

어느 날 수도권에 사는 한 부부가 나를 찾아왔다. 그들은 자신들이 가지고 있는 자산 내역의 평가를 요청하면서 현재의 재정 상태에 대해 만족스럽지 않다고 했다.

부부의 소득은 남편이 사업을 하는 관계로 일정하지는 않았지만 놀랍게도 월 평균 수입이 대략 1,700만 원 정도였다. 한 달에 1억을 버는 사람도 있으니 그에 비하면 적겠지만 그렇더라도 결코 적은 소득이 아니었다. 그리고 상가 건물 두 채를 소유하고 있는 등, 부동산 보유 자산의 내역 또한 많았다.

지출은 건물 구입을 위한 대출 비용으로 월 소득에서 약 500만 원 정도가 이자와 원금 상환 용도로 빠져나가고 있었고, 초등학생 세 자녀 교육비와 양육비로 400만 원 정도가 들어갔다. 남편의 용돈은 300만 원 정도인데 접대와 술을 즐겨 마시는 태도 때문에 많은 용돈이 필요하였다. 자동차는 두 대가 있었고, 주말이면 부부가 골프장을 찾았다. 이렇게 부부가 한 달에 가계 재정으로 운용하는 금액은 이자 비용과 생활비, 품위 유지비 등을 포함해 거의 2,000만 원에 가까웠다.

부부는 늘 불만이었다. 매달 적자가 발생하고 있었기 때문에 월급 받는 날은 오히려 스트레스를 더 받는다고 하였다. 그리고 실제로 자신들은 가난하고 불행하다고 생각하고 있었다. 이와 유사한 사례들이 지금도 우리 주변에서 일어나고 있다.

월 수입 180만 원과 1,700만 원의 행복

얼마 후 또 한 가정이 아이를 안고 찾아왔는데, 이들 부부는 외벌이로 한 달 소득이 180만원이었다. 아이가 어려 아내는 직장을 다닐 수 없는 상황이었다. 아이는 이제 겨우 아장아장 걸을 정도였으며 부부가 서로를 바라보는 눈빛에 사랑이 넘쳤다. 이들의 한 달 생활비는 40만 원, 남편 용돈은 20만 원, 공과금이 30만 원, 차량 유지비가 15만 원, 십일조 18만 원 그리고 기타 육아비, 부모님 용돈 등을 제하고 나면 약 30만 원정도가 남는다고 하였다. 부부의 고민은 여웃돈 30만 원을 어떻게 저축할 것인가였다. 나는 행복한 미소가 가득한 부부와 즐거운 상담을 하였다.

두 가정의 재정 규모는 약 10배의 차이가 난다. 월 180만 원의 소득은 1,700만 원에 비하면 소꿉장난 같은 느낌을 준다. 우리나라 물가가 세계 4위에 이르니 얼마나 아껴 써야 30만 원을 남길 수 있을까? 아내는 아마 짜증나고 고통스러운 일상을 경험하고 있을지 모른다. 그러나 부부의 표정은 정반대였다. 30만 원이 만들어 낼 장래의 꿈에 부풀어 있었던 것이다.

오히려 1,700만 원을 버는 부부는 서로를 향해 불만이 가득하였다. 아내는 남편의 용돈이 많은 것을 지적하였고, 남편은 가까운 직장을 대중교통을 이용하여 다닐 것을 아내에게 종용하였다. 두 사람의 마음에는 즐거움이 없었다.

물론 두 가정의 상황이 같을 순 없다. 이제 갓 시작한 가계의 규모와 그 마음가짐을 결혼 10년이 넘은 부부와 비교하기에는 무리가 있다. 하지만 10배의 소득 차이는 행복의 크기에 비례하여 분명하게 영향을 미쳐야 하지만 실제는 정반대의 결과를 보여 주었다.

이것이 분명한 현실이다. 경제적으로 부유하다고 해서 그것이 반드시 행복과 만족을 가져다주는 것은 아니다. 그렇다면 누가 부자인가? 그리고 부자의 정의는 무엇인가? 과연 그리스도인이 목적으로 삼아야 할 부는 또 어떤 것인가?

▎재물의 크기보다 마음의 크기를 키우는 행복

전도자이자 사도로 유명한 바울은 어린 시절부터 다소라는 매우 번성한 교육 도시에서 엄격한 바리새인으로서 랍비 교육을 받았다. 경제적으로는 장막을 만들어 수출하는 무역업을 하는 가정이었던 것으로 보아 가난한 집안은 아닌 듯하다. 또 당시 특권에 속하는 로마 시민권을 상속받았으며 다소의 시민권도 가지고 있었다. 바울은 이러한 배경으로 볼 때 상류 문화를 즐길 줄 알고 그에 대한 자부심이 있었을 것이다.

그러나 그가 부자였다는 기록은 없다. 정황상 부자였을 것이라는 추측은 가능하지만 재물에 만족한 삶을 살았다는 표현은 찾을 수 없다. 한 가지 '풍부에 처할 줄도 알아' 라는 빌립보서 4장 12절에 있는 말씀을 통해 그 형편을 엿볼 수 있을 뿐이다. 바울은 회심 이후, 재물을 풍부히 쓸 형편이 아니었기에 전도를 위한 여행은 늘 궁핍한 생활이었다.

그렇다면 여기서 말하는 '풍부'는 회심 이전의 생활을 말하는 것은 아닐까 추측할 뿐이다.

여하튼 바울의 경제적 여건은 예수를 만난 이후 완전히 달라진다. 이전 고급문화를 즐기던 생활은 향수로 남았을 뿐 늘 경제적으로 부족하였을 것이다. 여행 중 이방 도시에 이를 때마다 형제 자매들의 도움으로 겨우 거처를 빌려 쓸 수 있었고 필요한 경비는 직접 텐트를 만들어 조달해야 했다. 수없이 맞았던 탓에 재물이 주머니에 남아 있을 리 없었다. 그는 결코 경제적으로 만족할 수 없는 상황이었다.

그럼에도 감옥에 갇혀 있던 바울은 없는 형편에 조금씩 모아 보내온 빌립보 교인들의 선물에 대해 감사 편지를 쓴다. '비천에 처할 줄도 알고 풍부에 처할 줄도 알아 배부름과 배고픔, 풍부와 궁핍에도 처할 줄 아는 일체의 비결을 배웠다'는 것이다. 그는 형편이 가난하든 부유하든 항상 만족하는 삶을 살아왔음을 고백한다.

이것은 궁핍하기 때문에 늘어놓는 변명이 아니었다. 그 어떤 형편에서도 자족하는 삶을 살았다고 강하게 주장하는 것이다.

바울은 고린도 교회 방문 전, 자신의 궁핍함을 채우고자 가는 것이 아니라 부모가 자녀를 위해 선물을 주듯 자신에게 풍족한 것을 나누어 주려한다고 말한다. 이것은 방문 목적을 분명히 하여 재물에 대한 자신의 태도를 보여 주는 것이었다.

그는 빌립보 교인들이 보내온 선물에 풍족하였다. 아니 실제로는 부족하였을 것이다. 가난한 교인들이 보내온 선물이 얼마나 되었기에 차가운 감옥에 갇혀 있는 그를 충족하게 하였을까? 그러나 바울은 참으로 넉넉하였다.

> 내게는 모든 것이 있고 또 풍부한지라 에바브로디도 편에 너희가 준 것을 받았으므로 내가 풍족하니 이는 받으실 만한 향기로운 제물이요 하나님을 기쁘시게 한 것이라 _빌 4:18

온갖 환경에서도 이미 풍성함을 누릴 줄 알았기에 그들의 조그만 선물에도 감사할 수 있었던 것이다.

오히려 그는 회심 이전에 진정한 만족을 몰랐다. 마치 한 달에 2,000만 원을 버는 부부처럼 많이 벌었지만 늘 부족하였고 조금 더 모으기

INTO

감사하는 사람이 행복하다

행복은 없는 것에 관심을 가지는 것이 아니라 있는 것에 자족하는 것이다. 있는 것을 소중하게 여기고 감사하는 사람이 행복한 인생을 살게 된다. 없는 것에 대한 불평이, 있는 것에 대한 감사로 변할 때, 비로소 행복한 인생이 되는 것이다.

– 전광 목사의 『평생 감사』 중에서

위해 열심히 노력하였을 것이다. 좀 더 벌어서 사업장도 늘리고 늙어서 쓸 돈도 마련해야 하는데 현재의 벌이는 만족스럽지 않았다. 도대체 얼마를 벌어야 하는지 그 끝을 알 수가 없었다.

바울의 주머니가 넉넉해진 것은 예수님을 만난 후였다. 가난한 형제를 보면 가진 것을 건네주어야 했고 텐트를 만들어 팔아서라도 전도 여행을 해야 했다. 항상 돈이 없었지만 늘 풍족했다. 재물의 풍요가 재물의 크기에 있는 것이 아니라 그 마음에 있음을 예수님을 만나고 알았다. 그 마음에 예수님이 가득하니 재물의 크기는 중요하지 않았다. 따사로운 마음이 적은 재물이라도 부풀리고 더 많이 채워서 어떤 환경에서도 자족하는 넉넉함을 주었다.

재물은 그 자체가 가치를 만들지 않는다. 그것을 다루는 사람의 마음에 따라 풍족하거나 부족하게 된다. 부자가 되기를 원한다면 재물의 크기에만 매달릴 것이 아니라 마음의 크기를 키워야 한다. 이 기준을 변경할 수 있어야 항상 참된 부자로 살 수 있는 것이다.

지혜의 여인, 라합

> 믿음으로 기생 라합은 정탐꾼을 평안히 영접하였으므로 순종치 아니한 자와 함께 멸망하지 아니하였도다 히 11:31

이스라엘 백성을 애굽에서 이끌어 낸 모세가 죽은 후, 뒤를 이은 여호수아는 그들을 이끌어 가나안 땅에 입성하기 위해 싯딤에 진을 친다. 요단강 동쪽으로 12km 떨어진 이곳에서 여호수아는 두 명의 정탐꾼을 성안으로 들여보냈다.

그들은 성벽 위에 있던 기생 라합의 집에 조용히 스며든다. 그곳은 각국에서 온 사람들로 북적거렸고, 술에 취한 사람들이 거침없이 쏟아 놓는 얘기로 많은 정보를 쉽게 접할 수 있었다. 또 높은 위치에서 한눈에 성을 관찰할 수 있는 최적의 장소이기도 했다.

이미 성안의 사람들은 이스라엘이 애굽을 벗어나 40년 동안이나 광야를 건너 왔으며 하나님이 그들을 지켜주고 있다는 것을 알고 있었다. 또 광야에서 생활할 동안 주리거나 옷이 헤지지 않았으며, 그 어느 민족도 그들을 막을 수 없었다는 전설 같은 이야기를 전해들었다.

이미 사람들은 강 넘어 싯딤에 당도한 이스라엘이 성을 공격할 것이라는 소문으로 온통 두려움에 사로잡혀 있었다.

이 당시 성은 4.5m 간격을 두고 두 성벽으로 둘러싸여 있었다. 이 사이에 큰 대들보를 올려놓고 그 위에 집을 짓고 사는 사람들이 더러 있었는데, 아합의 집이 바로 이 대들보 위에 있었다. 사회적 약자로서 좁은 성내에 집을 구할만한 재력이나 지위가 없었기에 자연히 이곳에 집을 지을 수밖에 없었을 것이다.

가장 천한 자에 속했던 매춘부 라합은 결혼은 고사하고 하루하루 겨우 생명을 이어가며 내일을 기약하지 못하는 삶을 살았다. 음지에 살며 이웃의 손가락질과 욕설로 인해 햇빛이 있는 거리를 마음대로 걸어 다닐 수 있는 자격조차 없었을지 모른다. 이렇게 도덕적으로나 사회적으로 인정받지 못하던 라합에게 드디어 기회가 다가왔다. 바로 자신의 집으로 이스라엘의 정탐꾼들이 들어온 것이다.

라합 역시 자신의 집을 찾은 많은 사람들에게서 이미 무적의 이스라엘과 하나님에 대해 듣고 있었다. 마침내 그녀는 하나님의 역사를 분별하는 지혜를 발휘해 위기에 처한 두 명의 정탐꾼을 구해주고 엄청난 부와 명예를 얻는 영광을 누리게 된다.

선 포인트로 통해 본 분별력 있는 지혜

재정 운용에 있어서도 라합과 같은 지혜로 상황을 정확하게 파악하고 실천하는 지혜가 필요할 때가 많다.

상담을 하다 보면 지출 내역 중에 자동차 구입에 관한 항목을 자주 접한다. 이미 자동차는 있으면 좋은 상품이 아니라 꼭 있어야 하는 생활필수품이다. 게다가 젊은 사람들의 경우 소득 범위에서 차량 구입을 결정하기보다 자신이 원하는 종류의 차를 갖는 것에 초점을 맞춘다. 그러다 보니 자동차 할부나 이자 비용이 가계의 부담을 주는 경우도 종종 본다.

갓 결혼한 신혼부부가 찾아왔는데, 그들이 보여 주는 재정 상태표에는 최근에 자동차를 구입한 것으로 나타났다. 아직 애기도 없는데 꽤 큰 배기량의 차를 구입했다. 부부는 주말 드라이브나 여행의 안전을 위해 큰 차를 샀다고 하였다. 그리고 자동차 회사에서 제공하는 선 포인트 제도를 이용해 싸게 구입하였다고 자랑을 늘어놓았다.

그러나 이것은 절대 그렇지 않다. 선 포인트 제도에는 자동차 판매 회사나 신용카드 회사의 고도의 판매 전략이 숨어 있다는 사실을 주목하는 사람은 많지 않은 것 같다.

선 포인트는 자동차 회사에서 구매자에게 제공하는 포인트만큼 차 가격에서 할인해 주고 이후 신용카드 사용 시 적립되는 포인트로 상환하는 제도를 말한다. 언뜻 보면 어차피 신용카드를 계속 사용할 것이니 결국 수십만 원을 아끼는 효과와 같다고 판단하기 쉽다. 하지만 가령 50만 포인트를 선 제공 받아 자동차를 구입하였다면 앞으로 얼마나 신용카드를 사용해야 포인트를 상환할 수 있을지 생각해 본 적이 있는지 모르겠다.

일반적으로 신용카드 적립액은 사용액의 0.1~0.4% 정도다. 멤버십 카드의 경우에도 적립액이 1%를 넘지 않는다. 0.4%를 적용한다면 신용카드로 1억 2천 5백만 원을 사용해야 50만 포인트를 만들 수 있고, 1%로 계산해도 5,000만 원을 사용해야 하는 금액이다.

다시 1억 2천 5백만 원을 월 100만 원씩 신용카드로 결재한다면 125개월이 소요되는데 이는 10년이 넘는 기간이다. 만약 포인트 상환 기간이 2~3년으로 정해져 있다면 예상치 않은 과소비로 이어질 것은 뻔하다.

이것을 계산하는 사람은 없다. 그리고 실제 이러한 오류에 빠지는 가계는 너무나 흔하다. 이것은 단순한 포인트 문제가 아니라 그 뒤에 숨어 있는 재정 관리의 불합리성을 놓치고 있는 것이다. 스스로 매우 효과적인 지출 방법을 선택하였다고 판단하지만 사실은 과소비를 촉진하는 선택에 지나지 않는다. 분별력있는 소비의 지혜가 필요한 것이다.

▎부와 명예를 이루는 통로, 지혜

수천 년 전에도 라합이라는 한 여인의 지혜는 여리고 성에서 그녀와 가족의 생명을 구했다. 여리고 왕이 염탐꾼을 내놓으라고 할 때 라합은 망설이지 않았다. 이미 패망하는 길로 들어서고 있는 여리고를 버리기로 결정한 것이다.

여기에 그녀는 부모와 형제, 친척들을 살려 줄 것을 약속받아 자신의 역할에 상응하는 대가까지 요구할 줄 아는 현실성도 있었다. 곧 무너질 여리고 성에서 안전을 보장 받기 위해서는 하나님의 약속이 필요하다는 사실을 안 것이다.

그녀는 평소에 자신이 습득한 정보에 대해 정확한 분석을 했다. 그리고 이를 토대로 정세가 어떻게 돌아가는지 볼 수 있는 지혜가 있었던

INTO

문화 류씨의 쌀뒤주와 낮은 굴뚝

전남 구례군 토지면 오미리에는 문화 류씨 종가인 운조루가 있다. 조선 영조 때 낙안군수였던 류이주 선생이 지은 99칸짜리 저택의 사랑채에는 족히 쌀 세 가마가 들어가는 쌀뒤주가 있는데, 그곳에는 타인능해他人能解라는 글귀가 새겨져 있다. 즉, 다른 사람들 누구나 쌀뒤주를 열 수 있다는 뜻이다.

가난한 이웃이 끼니를 걱정할 때 누구나 드나들 수 있는 사랑채에 쌀뒤주를 놓아두고 주인의 눈치 볼 필요 없이 퍼가도록 했다는 것이다. 또 운조루의 굴뚝은 유난히 낮아서 채 1미터도 되지 않는데, 그것은 부잣집에서 밥을 할 때 연기가 하늘 높이 올라가는 것을 주변의 가난한 이웃에게 보이지 않게 하려는 것이었다고 한다. 이런 문화 류씨의 나눔은 베풂의 전통으로서 우리에게 소중한 본보기가 되고 있다.

것이다. 이러한 지혜는 기생의 신분이었던 라합의 인생에 축복을 가져다주었다.

먼저, 정탐꾼 중 한 명인 살몬과 결혼해 감히 꿈꿀 수 없는 미래를 계획하는 삶을 누리게 됐다. 살몬은 정탐꾼 역할을 맡을 만큼 용맹스럽고 명민한 군인으로서 그와 사이에서 태어난 이가 바로 보아스이다. 보아스는 베들레헴 성 밖에 땅을 가지고 있는 부자였다마 1:5. 그가 룻과 결혼해 낳은 아들이 오벳이고 다시 오벳은 다윗 왕의 아버지인 이새를 낳았다.

라합은 부자가 되었다. 아들 보아스를 통해 부자의 가문을 이어가는 영광을 얻었다. 뿐만 아니다.

라합은 메시아의 족보에 오른 네 명의 여인 중 한 명으로서 명예를 얻었다. 마태는 자신의 저서 마태복음에서 예수님의 족보에 단 네 명의 여인 이름을 언급한다. 다말, 밧세바, 마리아 그리고 라합! 이는 매우 귀중한 의미를 담고 있는데 예수님의 복음이 이방인을 구원하는 뜻을 포함하고 있기 때문이다.

지혜의 책인 잠언은 지혜를 얻는 것이 금을 얻는 것보다 얼마나 나은지를 이야기한다. 또한 명철을 얻는 것이 은을 얻는 것보다 더욱 낫다고 권고한다. 라합의 지혜가 생명을 구하고, 부와 명예를 이룬 것처럼 지혜가 이 모든 것을 주는 축복임을 기억해야 한다.

더 보기

가치와 미래를 보는 지혜

1926년 인디언들은 81km²의 맨해튼을 미국에 불과 24달러에 팔아 넘긴다. 그런데 1989년, 놀랍게도 맨해튼의 평가액은 600억 달러가 넘는다고 한다. 더 놀라운 것은 만약 인디언들이 맨해튼을 팔지 않고 연 8% 수익률로 계속 투자를 했다면 24달러는 1989년에 30조 달러가 되었을 것이다. 그저 놀라울 따름이다.

쓸모없는 땅이라 여겨 고작 24달러에 판 땅이 누구도 예측할 수 없는 값진 가치가 된 것이다. 24달러는 쉽게 볼 수 있다. 그 24달러가 600억 달러가 되고 30조 달러가 될 수도 있을 것이라는 생각을 할 수 있었을까?

누구나 자신이 가진 것이 보잘것없다고 생각할 수 있다. 하지만 그 생각이 나중에 엄청난 가치를 가져다줄 수도 있을 것이라는 생각을 막을 수도 있다. 실천해 보기도 전에 아무 것도 경험해 볼 수 없는 것이다.

닭은 30cm를 보고, 독수리는 3km를 본다. 닭은 독수리가 자신을 발견하고 가까이 오기까지 위험을 알아차리지 못한다. 자신의 짧은 시력을 한탄하고 위험을 걱정하여 꼼짝하지 않는다면 어떤 경험도 할 수 없고, 위험을 감수할 만한 것보다 더 아름다운 것들이 있다는 것도 깨닫지 못할 것이다.

자산을 늘리고 미래를 보려면 지금 갖고 있는 것을 적고 많음을 떠나 반드시 그리고 조속히 목표를 향해 실행을 해야 한다. 실행해서 진행하다 보면 여러 가지 변수들은 긍정적으로 발전할 수 있다. 그동안 소득과 자산, 투자나 저축에 대한 마음가짐이나 지식도 늘어가게 될 것이다. 그 이후부터는 24달러에 비교된 600억 달러가 아니라 비전으로서 600억 달러를 볼 수 있을 것이다.

Chapter 3

부자는 자녀로 기업을 이을 준비한다

- 기업을 서원하라
- 기업을 이으라
- 민족을 세운, 요게벳
- 부자의 기업, 자녀를 양육하라

기업을 서원하라

> 서원하여 이르되 만군의 여호와여 만일 주의 여종의 고통을 돌아보시고 나를 기억하사 주의 여종을 잊지 아니하시고 주의 여종에게 아들을 주시면 내가 그의 평생에 그를 여호와께 드리고 그의 머리에 삭도를 대지 아니하겠나이다 삼상 1:11

성경에는 자식이 없어 고통 중에 하나님께 자식을 구해 아이를 낳은 한나라는 여인이 등장한다. 그녀는 서원을 통해 하나님을 기쁘게 했고, 후에 제사장이 되어 이스라엘을 다스린 사사 사무엘의 어머니이다. 지금도 많은 사람들은 이 여인을 가계를 성공적으로 이어간 훌륭한 모델로 여긴다.

한나가 하나님께 고통 중에 기도했던 이유는 자신이 아들이 없다는 이유만으로 첩한테 조롱을 당해야 했기 때문이었다. 당시에 아들은 기업을 이을 수 있는 존재로서 무엇보다 중요했다. 한나는 첩에게조차 허락하신 아들을 왜 자신에게는 주지 않으시는지에 대해 깊은 고민을 할 수밖에 없었다.

그녀는 이 문제를 아주 슬기롭게 극복했는데, 바로 서원이라는 방법을 통해서였다. 서원이란 자신의 마음속에 소원을 세워 하나님께 약속하는 것을 이른다.

한나는 아직 생기지도 않은 아들 사무엘을 간절한 소망으로 서원하였는데, 아들을 주시면 머리에 삭도를 대지 않고 하나님께 드리겠다는 것이었다. 서원 후 그녀는 아침 일찍 일어나 하나님께 예배 드린 후 자신의 집에 돌아가 동침해 곧 아들을 낳는다. 그녀의 서원에 대한 하나님의 은혜로 주신 답은 사무엘의 탄생이다.

그녀는 약속대로 사무엘을 세 살에 젖을 떼자마자 대제사장 엘리에게 맡겼다. 이후 사무엘 외에 세 아들과 두 딸을 더 생산해 부부의 기업을 이어갈 수 있는 기반까지 이룬다. 하지만 성경에는 한나가 기업을 이어가기 위해 구체적으로 어떤 노력을 기울였는지를 정확히 기록하지 않는다. 다만 그녀가 사무엘을 대하는 모습에서 자녀들을 어떻게 교육하고 양육하였는지 엿볼 수 있을 뿐이다.

▎에봇과 노래에 담긴 교육의 열정

성경은 어린 사무엘을 설명하면서 에봇이라는 옷과 연결하여 그를 표현한다. 이 옷은 부부의 가정 형편과 자녀에 대한 교육의 정도를 짐작할 수 있는 좋은 재료다.

에봇은 가는 실로 짠 소매 없는 옷을 말하는데, 그 위에 금색, 청색, 자색 그리고 홍색 실로 수를 놓은 옷이다. 두꺼운 실로 짜서 목만 나올 수 있는 구멍을 뚫고 네모로 만들었던 당시 서민들이 입었던 것에 비하면 매우 정교하게 만든 값비싼 옷으로서 대제사장과 제사장, 왕이나 귀족들이 입는 옷이었다.

한나가 이런 에봇을 해마다 지어 입힌 것으로 보아 풍족한 삶을 누렸던 것으로 짐작된다. 그리고 어린 사무엘이 이런 옷을 입었다는 것 역시 앞으로 그의 삶이 어떠해야 하는지를 설명해 주는 것으로 볼 수 있는 것이다.

에봇이 사무엘의 신앙적 위치를 결정한다면, 한나가 사무엘을 얻은 후 기쁨에 겨워 부른 노래는 그녀의 자녀 양육을 설명하는 단서가 된다. 아들을 엘리 대제사장에게 맡겼다고 해서 모자 관계나 교육에 대한 열의까지 끝나지 않았을 것이기 때문이다.

'한나의 노래'에는 하나님에 대한 감사, 경배, 겸손, 하나님의 능력, 풍부함, 생명을 주관하시는 하나님, 재물, 영광 그리고 기름 부은 자들을 높이심 등의 내용을 포함한다. 이런 한나의 생각은 에봇과 함께 고스란히 사무엘과 다른 자녀들에게 전달된 교육의 핵심이었을 것이다.

에봇은 사무엘이 하나님의 사람임을 분명히 각인하는 상징이며, 한나의 노래는 사무엘의 인격적 성장에 자양분과 같은 역할을 담당하였다. 이처럼 사무엘을 교육하는 한나의 모습에서 나머지 자녀들에 대한 사랑과 교육에도 열중했을 것이라는 짐작을 가능케 한다. 그리고 그 노력은 부부가 꿈꾸는 기업을 성공적으로 이어가는 훌륭한 도구가 되었다.

  서원을 통하여 한나는 하나님을 만족시키는 것 뿐 아니라 자신의 가계에도 승리를 가져온 것이다.

▌자녀 교육비 지출의 특징

  재정 전문가로서 소비 상황을 분석하다 보면 소득 편차에 따라 가계의 지출 항목이 치우치는 것이 있고, 소득에 관계없이 비슷한 지출 성향이 있는 것을 알게 된다.

  예를 들어, 음식료품비 같은 경우에는 소득의 크기에 상관없이 비탄력적인 성향을 보인다. 이것은 한 달에 수천만 원을 버는 사람이나 100만 원을 버는 사람이나 크게 차이가 나지 않는다. 그도 그럴 것이 아무리 부자라도 한 끼에 두 번을 먹을 수 없고, 매번 값비싼 음식을 먹는 것도 아니기 때문이다. 오히려 부자일수록 엥겔지수, 즉 소득에서 식품비가 차지하는 비율이 떨어지는 것이 일반적이다.

  그런데 상담을 하면서 발견하는 재미있는 것이 바로 교육비 부분이다. 이 지출 항목은 소득에 절대적으로 비례한다는 점이다.

  교육비는 부모의 가치관과 소득의 크기에 따라 엄청난 차이를 보인다. 때에 따라서는 소득의 30% 이상을 자녀 교육비로 지출하기도 한다. 반면 소득이 많지 않는 가계의 경우 소득의 10% 이상을 넘기기 어렵다.

실제적인 수치를 보면 더욱 확실해지는데, 가령 소득이 1,000만 원 이상을 버는 가계는 300만 원 이상을 자녀 교육비로 지출한다. 하지만 200만 원 소득의 가정에서는 20만 원 이상은 자녀에게 투자할 수 없다는 것이 경험적 수치이다. 300만 원은 이미 일반 가정의 평균 소득에 육박하는 수준이다.

이러한 현상은 일부 부자에게서만 발견되는 어떤 한 무리의 특징이

> **INTO**
>
> ### 러셀에게 준 할머니의 선물
>
> 20세기 최고의 철학가로 논리학과 분석적 접근에서 특히 많은 업적을 남긴 버트랜드 러셀은 네 살 때 부모를 잃고 조부모의 손에서 자랐다. 그는 어린 시절, 할머니가 늘 강조하던 말을 기억하고 있었다.
> '조국에 대한 사랑과 공공 정신, 그리고 자식에 대한 사랑은 칭송받아야 할 가치이며, 물질에 대한 욕심, 권력에 대한 집착과 허영심은 악덕이다. 그러나 가장 악랄한 사람이라도 때로는 선량한 마음을 먹는 때가 있다는 것도 알아야 한다.'
> 그의 할머니는 두려움을 몰랐다고 한다. 전통 관습에 굴복하지 않았고 언제나 공익을 중요하게 생각했으며, 다수의 의견이라도 무분별하게 따르지 않았다. 할머니는 러셀에게 성경을 주었는데, 그 겉표지에는 '다수의 악행을 따르지 말지어다'라는 문구가 적혀 있었다. 러셀은 할머니 덕분에 자신이 두려움 없이 소수의 입장에 설 수 있었다고 회고했다.

아니다. 상담을 받는 사람 중 소위 부자로 분류되는 이들은 예외 없이 자녀 교육비에 있어 도드라지는 지출의 특성이 있었다.

한나 역시 에봇을 통해 사무엘의 교육에 열중하였음을 간접적으로 알 수 있다. 부자가 자녀 교육에 열을 올리는 이유는 무엇일까? 그것은 자녀의 성장을 통해 가계의 자산과 기업을 잇겠다는 강력한 의지의 표현인 것이다.

부자는 자신의 재산이 소멸되기를 희망하지 않는다. 재산은 더욱 증가해야 하고 자신이 이루지 못한 꿈도 자녀 대에서 성취되기를 간절히 바란다. 이 기대는 기업이라는 이름을 빌어 교육비가 증가하는 특징을 나타낸다. 이 기준은 너무나 명확하다.

서원과 허원은 다르다

실제 상담에 임했던 부부는 소위 상류층 사람이었다. 강남에 40평대 아파트를 가지고 있고 소득도 월 1,500만원을 넘었다. 안정적인 직업의 특징으로 퇴직까지 이미 많은 소득이 확보되어 있는 상황이었다. 게다가 아내가 맡고 있는 사업체는 불황을 모르고 번창하였다.

그러나 부채도 수억 원에 이르렀다. 사업을 시작하면서 부채를 일으킨 것이 상당 부분 남아 있었기 때문이다. 또한 전형적인 상류층 가계의 특징으로 소득에서 자녀 교육비가 차지하는 비율이 매우 높았다.

재정 관리 측면에서 보면 과중한 교육비를 줄여 부채를 상환해야 하지만 나는 그렇게 충고하지 않았다. 교육비는 그 가정의 어느 가치와도 교환될 수 없다는 것을 잘 알고 있었기 때문이다. 대신 생활비와 용돈, 외식비 등을 줄여 이자 비용을 충당하도록 설명해 주었고, 부부는 그 제안을 잘 따라와 주었다.

재정 관리를 위해 교육비를 줄이도록 권하였다면 그 상담은 실패하고 말았을 것이다. 그들에게 교육비는 단순히 금액을 의미하지 않기 때문이다. 교육비 뒤에는 그 부모가 기대하는 수많은 얘기들이 들어있다. 자녀 교육비는 그 부부의 기업을 잇는 방법이자 재산을 지키고자 하는 그들의 서원과 다름없는 것이다.

흔히 부를 이루는 방법으로 하나님께 서원을 하는 경우가 있다. 어떤 이는 성공하고자 입다와 같은 서원을 드리지만 그 뜻을 이루지 못한다.

서원의 성공 여부는 오직 하나님의 이름을 높이는 것인지 자신을 세우는 것인지에 따라 결정된다. 자신을 세우고자 한다면 그것은 허원에 불과한 것이다.

한나는 아이를 얻지 못해 늘 슬픔에 잠겨 있었으며 첩에게조차 고통을 당하는 약하디 약한 여인이었다. 그가 성경에 아름다운 발자취를 남길 수 있었던 것은 하나님의 이름으로 올바르게 서원하였기 때문이다. 서원은 명예를 얻고 기업을 이어가는 중요한 수단이지만 한편으로는 매우 신중하고 올바르게 사용해야 할 부의 공식이다.

당신의 소원은 무엇인가? 하나님께 무엇을 서원하는가?

기업을 이으라

내가 너로 큰 민족을 이루고 네게 복을 주어 네 이름을 창대케 하리니 너는 복의 근원이 될지라 _창 12:2(한글개역)_

보통 재물이 많은 것만 부라고 생각하지만 여기에 부의 연속성을 유지하며, 정신적인 풍요까지 후대에 전달하는 것을 포함해야 훨씬 풍성하게 부를 정의하는 것이라 할 수 있다. 이런 기준에서 정신적 가치를 소유한 부자를 명문가라 하고, 그렇지 못한 자를 졸부라 부르는 것이다.

대부분의 사람이 지니는 공통된 태도가 있다. 재물이 적든 많든 그 소유를 늘리기 위해 혼신의 노력을 기울인다는 점이다. 그리고 부를 갖게 되면 영적인 충족에 관심을 기울인다는 점도 비슷하다.

그중 영적인 충족을 위해 매우 중요하게 생각하는 것이 바로 자녀의 성장을 통해 누리는 기쁨이다. 그리고 다시 부를 그 자녀에게 승계하기를 원한다. 자녀의 학업에 열심을 내는 것도 자신보다 더 나은 기업을 자녀에게 물려주고자 하는 마음의 표현이라고 할 수 있다. 이것이 부자의 일반적인 모습이다.

성경에서는 이처럼 부를 승계하는 것을 기업이라고 한다. 그리고 이러한 기업을 성공적으로 잇는 것 또한 성경적임을 인식하는 것이 중요하다. 성경을 기록할 시기에 비해 재물의 범위가 다양해지고 상황이 변했지만 그렇다고 해서 그 기업의 가치가 감소한 것은 아니다.

기업에서 자녀가 많다는 것은 부를 이을 방법이 다양하다는 것이며 성공적 승계 가능성이 높다는 말과 같다. 따라서 총명하고 능력 있는 계승자를 보유한다는 것은 매우 중요한 문제이다. 가계의 승패를 결정하는 요인이기 때문이다.

하나님은 아브라함에게 재물을 주겠다는 것과 기업을 이어갈 후손을 허락하겠다는 언약을 지속적으로 강조하셨다.

> 내가 네 자손이 땅의 티끌 같게 하리니… _창 13:16
> …하늘을 우러러 뭇별을 셀 수 있나 보라 또 그에게 이르시되 네 자손이 이와 같으리라 _창 15:5

> 내가 내 언약을 나와 너 사이에 두어 너를 크게 번성하게 하리라 하시니 _창 17:2

창세기에서는 이외에도 동일한 약속을 계속 언급한다. 이것은 아브라함의 부가 한 세대에서 끊어지는 것이 아니라 기업으로 세대를 이으며 복을 누리게 될 것을 예정하는 것이다.

언약처럼 아브라함에게는 재물이 넘쳐났다. 성경은 '가축과 은, 금이 너무 많아 양, 소, 장막을 소유한 조카 롯과 같이 있을 수조차 없었다' 창 13:2, 5, 6고 말한다. 하나님의 부름을 따라 고향 하란을 떠나 조카 롯과 함께 가나안 땅으로 옮긴 후 베델로 돌아올 때에는 거부가 되어 있었던 것이다.

명문가와 졸부는 다르다

또 그에게는 기업을 잇는 조건인 자손의 번성도 뒤따랐다. 아브라함이 하나님의 부르심을 받은 것이 75세였다. 그때까지 후사가 없었던 그는 초조하고 불안하였다. 상속자가 없으니 당시의 풍속에 따라서 자신의 종에게 재산을 상속해야 할 상황이었다.

하지만 그는 후사를 이을 사람이 아니었다. 하나님이 그에게 그 종이 상속자가 아니라 아브라함의 몸에서 날 자가 상속자가 될 것 창 15:4 이라고 말씀하신 것이다. 하지만 자녀는 아직 태어나지 않았고, 그는 점점 늙어갔다.

아들 이삭을 낳을 때 아브라함의 나이는 백 세였다. 하늘의 별과 같이 많은 자녀를 주시겠다던 하나님의 역사는 여기에서 시작했다. 그에게는 아내 사라와 두 첩 하갈과 그두라가 있었다. 그두라에게서 난 자녀는 여섯 명으로 일곱 손자들이 있었고, 하갈에게서는 이스마엘을 통해 열두 명의 손자가 있었다. 이후 기록되지 않은 자손들까지 계산한다면 수많은 후손들이 생산되었다.

이삭을 통해서는 아브라함의 기업이 대를 이어 진행된다. 이삭의 아들 야곱을 통해 르우벤, 시므온, 레위, 유다, 잇사갈, 스블론, 디나, 요셉, 베냐민, 단, 납달리, 갓 그리고 아셀 등의 자녀를 본 것이다. 이들은 이후 이스라엘의 기업을 잇는 12지파의 시효가 되었다. 하늘의 별과 같은 후손이 바로 이들 자녀로 시작되었으니 하나님의 약속이 마침내 이루어진 것이다.

참된 부자는 기업을 생각한다

부자의 관심은 크게 두 가지이다. 우선은 어떻게 하면 많은 재물을 모을 것인가이고 다음은 어떻게 하면 모은 재물을 후손에게 잘 전달하여 줄 것인가이다. 이것이 부자의 최대 관심사이다.

좀 더 자세히 말하면, 진짜 재물이 많은 사람은 모으는 것에 더 이상 관심이 없다. 돈은 어느 정도 규모에 이르면 자동으로 증가하기 때문이다. 그래서 유일한 고민거리는 유산의 상속을 어떻게 효과적으로 할 것이냐는 것이다. 그렇기에 여전히 돈을 모으는 것에 집중하고 있다면 그는 아직 부자가 아니다.

재물은 죽으면서 가지고 갈 수 없기 때문에 부자는 반드시 이를 지켜 줄 후손이 필요하다. 그래서 자녀를 좋은 대학과 직장에 보내기 위해 노력한다. 이러한 과정은 단순히 재물의 상속을 넘어서 좀 더 고급스러운 삶을 지향하게 하는데, 이른바 명문가를 소망하는 것이다. 대부분이 이런 틀에서 벗어나지 않는데, 이것은 거의 본능적인 것이라고 할 수 있다.

  한 젊은 아주머니와 상담할 기회가 있었다. 보기에는 수수하고 평범해 보였지만 그의 뒤에 숨겨진 이야기는 엄청난 것이었다. 그의 부모는 어려서 자수성가한 사업가로 열심히 일해서 모은 재산이 이루 헤아릴 수 없었다. 빌딩이 몇 채이고 금융 자산은 관리하기가 벅찰 정도여서 언제부턴가는 몇 명의 세무사를 고용해 자산을 관리해야 할 정도였다.

  그 부모는 더 이상 모으는 것이 관심의 대상이 아니었다. 어떻게 하면 자녀들에게 이 재산을 누수 없이 전달할 것인가가 생전에 해야 할 일이 되고 말았다. 부모는 고민에 빠져 세무사들과 매일 그것에 대해 의논하였다.

  이 젊은 엄마 역시 건물 몇 채를 상속 받아야 할 상황이었기에 부모와 마찬가지로 상속을 받는 방법에 대해 고민할 수밖에 없었다. 이러한 경우는 소위 부자로 사는 사람들 대부분이 경험하는 것이다. 이것을 단순히 질투하며, 험담할 것이 아니다.

  부는 시대를 거쳐 주어진 환경에서 생존하는 방법을 달리해 왔다. 아브라함의 부가 건강했던 것처럼 상담을 받았던 한 아주머니의 부 역시 문제가 있는 것이 아니다. 경계해야 할 것은 부정직한 돈이지 물질이 지니는 생리를 부정하는 것은 바른 태도라고 할 수 없다.

아브라함이 받은 복 중에서 재산보다 귀중한 것은 자손이다. 하늘의 별처럼 많은 후손은 그 자체가 귀한 재산이 되어 세상에서 아브라함의 이름을 높여 주었다.

아무리 많은 재물이 있다 하더라도 이를 지켜 줄 자손이 없다면 의미가 없다. 기업이 될 수 없기 때문이다.

그리스도인 역시 부자가 되어야 한다. 부는 하나님이 아브라함에게 주신 것처럼 자연스러운 현상이다. 세상과 더불어 살면서 부자 되기를 포기하는 것은 실패자의 삶을 원하는 것과 같다. 재산이 적은 사람은

INTO

수백 년을 이어온 명문가의 교육

300년 동안 모은 전 재산을 영남대학을 설립하는 데 기부한 최부잣집은 존경 받는 부자의 길을 걸어온 가문이다. 과거를 보되 진사 이상의 벼슬을 하지 말라, 만 석 이상의 재물은 사회에 환원하라, 흉년기에는 땅을 사지 말라, 과객을 후하게 대접하라, 주변 100리 안에 굶어 죽는 사람이 없게 하라, 시집 온 며느리들은 3년간 무명옷을 입어라 등의 가훈과 수신 교육으로 자녀교육을 실천한 것으로 유명하다.

사회에서 그 지위나 위치를 제대로 인정받을 수 없기 때문이다.

모세를 통하여 이스라엘을 인도하셨던 하나님은 가나안 땅을 그들의 기업으로 주셨다. 그 땅은 그들이 강성해질 수 있는 토대였다. 이처럼 그리스도인은 당연히 부를 꿈꾸는 마음이 있어야 한다. 그리고 그 부유 에는 반드시 자녀를 양육하고 성장시키는 프로그램이 들어 있어야 한다.

그리스도인이 꿈꾸는 진정한 부자의 정의가 이것이다. 하나님만 바라보는 신앙을 전달해야 하며, 그 신앙에 기초한 건강한 부를 이어야 한다. 이것이 기업이다.

대대로 하나님을 사랑하는 신앙이 전달되고, 칡넝쿨처럼 건강한 부를 잇는 튼튼한 조직으로 자리잡는 것이 중요하다. 이러한 기업이 그 어떤 예기치 못한 환경에 노출되어도 끄떡하지 않으며 하나님이 주신 부를 이을 수 있는 조건을 갖춘 것이다.

민족을 세운, 요게벳

마노아가 여호와께 기도하여 이르되 주여 구하옵나니 주께서 보내셨던 하나님의 사람을 우리에게 다시 오게 하사 우리가 그 낳을 아이에게 어떻게 행할지를 우리에게 가르치게 하소서 하니 _삿 13:8

성경에는 여러 위대한 여인들이 있다. 장자권 빼앗기를 주저하지 않으며 복을 갈망한 야곱의 어머니 리브가, 100배의 축복권을 소유한 이삭의 어머니 사라, 쓰러져 가는 이스라엘의 영적 타락을 바로 세운 마지막 사사 사무엘의 어머니 한나가 그들이다.

성경은 이 어머니들을 자녀와 더불어 당당하게 이스라엘 역사의 한 축을 담당한 인물로 적고 있다. 그러나 이들과 달리 그 역할의 중요성에도 불구하고 이름조차 희미하게 기록되어 있는 여인이 있다. 바로 요게벳이다.

요게벳은 이스라엘의 그 어느 여인보다 위대한 자녀들을 생산한 인물이다. 이스라엘 역사의 주축이 되는 모세와 이스라엘 최초의 대제사장직에 오른 아론 그리고 시인과 음악가이자 선지자로서 삶을 살았던 미리암이 그들이다.

그녀의 자녀들은 요게벳의 남편 아므람의 가계를 일으켰음은 물론 이스라엘의 역사를 주도한 인물들이다. 요즘 식으로 말하자면, 나라를 구한 민족의 지도자와 목사, 시인이자 음악가를 배출한 집안인 셈이다. 이런 가계를 일군 어머니 요게벳의 위대함은 정치, 사회적으로 매우 불안한 시기였음에도 자녀들을 출산하고 양육하는 그 어미로서 역할에 충실하였다는 점에 있다.

요셉이 국무총리로서 애굽에 자리를 잡은 이후, 그곳에 정착한 이스라엘 전체가 번성하기 시작한 지 수백 년. 요셉을 모르는 애굽 왕은 이스라엘 민족의 번식에 두려움을 느꼈다. 이스라엘 자손이 애굽보다 많고 강하다고 여긴 것이다. 언젠가는 그 많은 종족을 무기로 하여 전쟁을 일으켜 애굽 땅을 벗어날 것이라는 걱정이 바로를 사로잡았다.

바로는 이스라엘 민족을 국고성 비돔과 라암셋을 건축하는 데 동원함으로서 고역을 치르게 하였다. 노역을 통해 아이의 생산을 제한하고, 이스라엘의 반란을 방지하려는 의도였다. 그러나 학대를 받을수록 이스라엘의 자손은 더욱 번성하기만 하였다. 이에 바로도 물러서지 않고 이스라엘의 출생아 중에서 모든 남자아이를 죽일 것을 명령하는 극단적인 이스라엘 말살 정책을 실행하기에 이른다. 이것으로 이스라엘 민족은 큰 위기에 처했다.

요게벳이 모세를 출산한 시기가 바로 이때였다. 산파들은 사내아이의 생명을 죽일 것을 명령받고 있었기에 이미 많은 아이들이 생명을 잃은 것은 아닐까 하는 두려움 속에 아이는 태어났다.

출산한 아이는 너무나 준수하고 아름다웠다. 애굽 왕은 사내아이가 태어나면 나일 강 하수에 버릴 것을 명령했지만 요게벳은 그럴 수가 없었다. 석 달 동안이나 숨 쉴 수 없는 위기에서도 아이를 품고 있었지만 남자아이의 장대한 울음소리로 더 이상 주위에 숨기는 것은 불가능했다. 마침내 어미는 아이를 나일 강에 버리기로 했다.

나일강은 길이가 6,500km에 이르고 아프리카 전체 대륙의 10분의 1인 260만 km²의 면적을 차지하고 있다. 악어가 득실대고 알 수 없는 해충들이 우글거리는 그곳에 아이를 떠나보내기로 결정하였다. 이는 곧 아이의 죽음을 의미하는 것이다.

하지만 요게벳은 무작정 이런 환경으로 아이를 떠나보낼 수는 없었다. 다행히 나일 강에는 일정 지역을 정해 목욕하는 곳이 있었다. 나일 강에서 목욕은 단순한 청결 행위를 의미함은 물론 다산과 무병을 의미하는 종교적 의미도 담고 있어서 애굽의 공주도 그곳에서 목욕하는 것을 마다하지 않았다. 그녀는 조그만 방주를 만들어 아이를 담고 목욕 중인 공주에게로 떠내려 보냈다.

요게벳의 지혜는 여기서 그치지 않는다.

'히브리 아이니 히브리 유모가 필요할 것'이라는 생각에 때를 놓치지 않고 공주를 찾아 유모를 자청하였다. 만약 아이의 생명을 구하는 것에 만족하였다면 모세는 애굽인으로 성장하였을 것이다. 그러나 하나님을 알지 못하는 유대인이 무슨 의미가 있을 것인가. 요게벳은 아들 모세를 그렇게 내버려 두지 않았다.

유모로서 어미는 히브리인의 역사와 하나님을 가르치며 올바른 교육을 전달하였다. 그 교육에서 가계는 이어지고 하나님의 사역은 지속될 수 있었다.

이 이야기는 잘 짜인 각본에 따라 움직이는 연극처럼 보인다. 이 치밀한 계획은 이후 이스라엘을 구하고 하나님의 계획을 실천하는 놀라운 사역으로 이어진다. 그 속에는 한 여인의 지혜가 숨어 있었다.

▌어머니는 하나님의 인도하심을 믿었다

가난한 시골에 한 촌부가 있었다. 너무나 가난하여 하루 벌어 먹고살기에도 버거운 살림살이였다. 할 수 있는 일이란 오직 땅을 파고 곡식을 얻는 것이 전부였다. 부자는 고사하고 하루하루 먹고사는 고통에 시달려야만 했다. 조그만 섬에서 어떤 희망도 꿈꿀 수 있는 환경이 아니었다.

그리고 촌부에게는 그것보다 더 급한 문제가 있었다. 육남매의 교육은 물론 입에 풀칠하기에도 힘든 때 큰아이가 중학교를 들어가기 시작한 것이다. 아이의 교육을 포기하게 될까봐 손이 오그라들고 심장이 죄어 오는 듯했다.

부부는 더 열심히 일했다. 점심 굶기를 밥 먹듯 하고, 농사일로 손가락 마디마디마다 굳은살이 박였다. 다행히 육남매는 없는 중에도 우애 있게 잘 자라 주었다. 오직 자녀들의 성장을 바라보는 기쁨에 그 모든 고통을 이겨낼 수 있었다.

그러나 다시 위기는 찾아왔다. 큰 아이가 고등학교를 졸업한 것이다. 대학은 언감생심 꿈에도 생각하지 못할 일이었다. 그렇다고 직장을 보내자니 섬 안에는 마땅한 직장조차 구할 수 없었다. 이제 곧 둘째도 졸업할 것인데 이대로 두었다간 가족 모두 좁은 땅에서 농사만 지을 판이었다. 외지에 친척이 있는 것도 아니어서 부탁할 만한 곳도 없었다.

부부는 어떻게 해야 할지 걱정으로 밤잠을 설쳐야 했다. 촌부는 졸업식 날 큰 아들만 따로 불렀다.

"너는 이제 고등 교육을 졸업했으니 집을 나가거라."

"집을 나가라니요, 어머니, 저는 어머니와 같이 살겠습니다."

"썩을 놈! 그만큼 키워 놨으면 이제 밥값을 해야지 언제까지 어미 치마 폭에 살겠느냐?"

"어머니!"

"시끄럽다. 서울로 가거라. 좁은 시골에 있을 생각 말고 서울로 가서 거기서 시작해라. 이 어미가 해줄 것은 이것 밖에 없다. 그동안 시간 나는 대로 이웃집 꼴 베는 것 도와주고 모아 둔 것이다. 니가 가서 자리를 잡아야 동생도 올라갈 수 있지 않겠냐? 너는 반드시 서울에 가서 성공해야 한다."

촌부는 아들과 헤어져 돌아 나오는 내내 흐르는 눈물을 주체할 수 없었다. 이제껏 한 번도 집 밖을 나가 본 적이 없고 가장 귀하게 키운 자식이었다. 아는 사람 하나 없는 서울에 내다버리듯 이제 열여덟 살 아이를 내모는 어미의 마음에는 한겨울 찬바람이 구멍을 내고 지나갔다.

촌부는 믿었다. 찢어지게 가난하지만 하나님을 믿고 쌓아온 기도의 능력이 아이의 미래를 책임져주실 것이라 굳게 믿었다. 하나님이 아브라함을 부르신 것처럼 아이도 인도하실 것을 믿었다.

모세를 만든 요게벳의 지혜

요게벳은 부자가 아니었을 것이다. 애굽의 건축물 건립에 이스라엘 민족이 동원되고 있었으니 그 환경에서 벗어나지 못했을 것이다. 신생아 말살 정책에서 자유롭지 못해 모세를 숨겨 키우고 결국에는 강물에 띄워야 할 형편이었다면 그 정책을 피하지 못하는 서민이었을 가능성이 높다. 아이를 안전하게 보호할 수 있는 재물은 물론이거니와 지위도 없었던 것이다. 그리고 도덕적으로도 그녀는 건강하지 않았다. 요게벳의 남편이 그의 조카였으니 있을 수 없는 일이었다. 부모의 부도덕성은 자녀의 양육에 가장 걸림돌이 된다. 양심에 걸린 가시 같은 가책은 올바른 교육의 지침을 전달할 수 있는 자격을 잃어버리게 하기 때문이다.

하지만 이런 모든 약점을 극복하고 가계와 하나님의 기업을 이을 수 있도록 한 여인이 바로 요게벳이었다. 신앙과 용기 그리고 지혜의 여인이었기에 그 어떤 환경도 모세를 비롯한 자녀들이 기업을 잇기 위한 교육에 장애가 될 순 없었다.

다말은 그의 남편이 죽자 대를 잇기 위해 시아버지 유다를 통해 아이를 잉태했다. 다말은 다윗과 예수님의 조상이 되었다. 추하고 더러운 환경에서도 하나님은 당신의 기업을 이으신다. 도저히 받아들일 수 없는 도덕적 흠집 사이에서 역사는 이루어진다.

INTO

록 펠러가 받은 3가지 유산

세계 최고의 부자 록 펠러에게 한 신문 기자가 찾아와 물었다.
"회장님께서는 세계 최고의 부자가 된 비결이 어머니가 주신 세 가지 신앙 유산 때문이라고 하셨는데 그것에 대해 말씀해 주십시오."
록 펠러는 이렇게 대답했다.
"예, 첫 번째 유산은 십일조 생활을 해야 한다는 것이었죠. 내가 어렸을 때부터 어머니는 나를 교회에 데리고 다녔어요. 두 번째는 교회에 가면 맨 앞자리에 앉아 예배를 드리는 것입니다. 그래야만 설교에 더 많은 은혜를 받을 수 있다고 강조하셨지요. 세 번째는 교회의 일에 순종하고 목사님의 마음을 아프게 하지 말라는 가르침입니다."

록 펠러는 어린 시절에 어머니와 이 세 가지 약속을 했고, 그것이 신앙의 유산이 되어 인생을 성공으로 이끌었던 것이다.

모세는 이스라엘 역사상 가장 큰 부자로서 하나님의 꿈을 잉태하고 이스라엘의 역사를 기록한 사람이다. 그러한 모세를 키워낸 것이 바로 그의 어머니 요게벳이었다.

부는 그것을 이루는 사람의 인격과 태도에 따라 결정된다. 그리고 그것의 대부분은 어머니가 시작하는 경우가 많다. 어머니의 지닌 가치가 중요한 이유가 여기에 있다. 그리스도인의 부, 참된 부는 신앙을 듬뿍 머금은 어머니의 교육에서 시작하는 것이다.

부자의 기업,
자녀를 양육하라

이스라엘에게 모든 복을 내리는 중에 너는 내 처소의 환난을 볼 것이요 네 집에 영원토록 노인이 하나도 없게 하는 날이 이를지라 _삼상 2:31

상담을 하다 보면 다양하고 수많은 가정을 만난다. 그중에는 부자와 가난한 자도 있고, 신앙이나 자녀가 있거나 없는 가정일 수도 있다. 그런데 이중 일관된 특성이 하나 있는데 그것은 자녀의 유무가 재정적 환경에 많은 영향을 미친다는 사실이다. 자녀가 있는 가정은 양육과 교육을 위해 재정을 지출하기 때문이다. 반면 자녀가 없는 경우는 부부의 노후 준비에 상대적으로 가중치가 실리는 것을 보게 된다.

얼마 전 한 부부를 만났다. 남편은 40대 중반이었고, 아내는 40세에 접어든 나이였다. 이 부부에게는 자녀가 없었기 때문에 재정 상태표에는 교육비 항목이 전혀 들어 있지 않았다. 오랫동안 희망하였지만 자녀가 생기지 않은 것이다.

남편은 외국에서 건축설계 일에 종사하는 관계로 월 600만 원의 소득을 확보하고 있었고, 자녀가 없는 이유로 다른 가정에 비해 잉여자금이 높은 편이었다.

부부의 관심은 역시 노후준비에 있었다. 부부는 금융 자산을 통해 대책을 마련하기보다는 지속적인 노동을 할 수 있는 조건을 선호하였는데 그것이 바로 공예품을 만드는 공방이었다. 남편이 이 방면에 손재주가 있었기 때문이다. 부부가 상담을 받으러 온 이유는 퇴직 전까지 공방 마련을 위해 어떻게 자금을 모을 것인가 하는 것이었다.

이처럼 대부분의 가정에 자녀가 있느냐 없느냐에 따라 재정적 목표는 매우 다르다. 동일한 소득에서, 그 가치관에 따라 자금의 집중도가 차이가 나는 것은 자녀 교육비와 노후준비가 가계의 주요 재정목표인 관계로 상호간 자금을 상쇄하는 결과를 낳기 때문이다.

성경에서도 시대를 초월한 부모의 주요 관심사인 자녀교육 때문에 고민하는 한 아버지를 어렵지 않게 만날 수 있다. 바로 엘리 대제사장이다.

사무엘상에서는 엘리의 두 아들이 '행실이 나빠 여호와를 알지 못했다'고 설명하는데, 우리나라 번역은 다소 완화된 느낌을 준다. 그러나 영어 성경에서는 이를 '사악한 WICKED' 내지는 '악마나 타락한 천사

BERIAL'로까지 표현하고 있다. 두 아들 홉니와 비느하스가 아버지 엘리를 따라서 제사장 직분을 맡고 있었음을 감안한다면 틀림없이 이것은 매우 극단적인 표현이다.

▌자녀교육의 실패와 가문의 몰락

우선 두 아들은 제사에 사용되는 고기를 하나님의 원칙에 따라 취하지 않았다. 둘은 날것과 먹고 싶은 부위를 요구하였는데, 이는 제사에 있어 제사장의 몫이 화목제물의 가슴 부위와 우편 뒷다리를 제외한 분깃이라는 원칙을 어긴 것이었다. 이를 넘어서는 것은 제사장의 월권으로서 자신들의 욕심 때문에 기름을 태워 하나님이 흠양하시게 하는 제사의 우선적인 도리를 훼손한 것이다.

이들의 악한 행동은 여기서 그치지 않는다. 회막문에서 수종드는 여인과도 동침하여 도저히 씻을 수 없는 죄과를 범한 것이다. 이에 대해 하나님은 엘리 대제사장의 집에 다음과 같은 저주를 내리신다.

- 가문의 세력이 줄어 들 것이다
- 생명이 단축되어 늙어 죽는 사람이 없을 것이다.
- 슬픔을 경험할 것이다
- 제사장 직분을 상실할 것이다.
- 홉니와 비느하스가 한 날에 죽을 것이다.
- 가난할 것이다.

이러한 저주는 한치의 오차없이 진행된다. 엘리 대제사장은 문 곁의 의자에서 넘어져 목이 부러졌고, 그의 두 아들 홉니와 비느하스는 블레셋과 전투에서 죽었고, 비느하스의 아내는 해산하다가 죽었다. 그리고 비느하스의 손자 아히멜렉은 다윗이 사울을 피하여 자신에게 이르렀을 때 다윗을 도와주었다가 사울에게 자신의 아들 아비아달만 제외한 모든 가족이 몰살당한다.

아비아달은 사울이 자신의 가족을 몰살할 때 에봇 하나를 가지고 혼자 도망하여 다윗에게로 갔다. 그는 법궤를 예루살렘으로 가져가는 일을 도왔으며, 다윗의 모사 중 한 사람이 되어 압살롬의 반란이 일어났을 때에는 다윗의 첩자로 압살롬에게 가기도 하였다. 아비아달은 다윗의 통치 기간 동안에는 고위 제사장으로 지냈으나 막바지에 이르러 아도니야의 왕위 옹립과 연관되어 이후 솔로몬에 의해 관직을 삭탈 당하였다.

▎가문을 일으키는 올바른 부모의 가치관

지금까지 한 가계의 몰락을 지켜보았다. 이 몰락의 발단은 아버지 엘리가 하나님의 종으로서 자녀들을 제대로 양육하지 못한 것에서 시작된다. 제사장직은 유업으로 자녀에게 이어져 아버지가 제사장이면 그 아들 역시 제사장의 직분을 지켜야 했다. 그런데도 엘리는 아들들에게 제사장의 직분은 다스리는 권력이 아니라 하나님을 섬기는 직분임을 제대로 가르치지 않았다. 자녀들이 상상할 수조차 없는 죄악을 하나님 앞에서 저질러도 엘리는 그것을 통제하지 못한 것이다. 그 대가로 집안이 무너지고 생명이 단축되며, 가업을 잃고 성경에서 나타났다 사라져 버렸다.

자녀는 그 집안의 기업이다. 가문의 이름과 재산을 후대에 잇고 더욱 발전시킬 수 있는 핵심이다. 대를 잇는 부자는 반드시 훌륭한 자녀가 있으며, 그런 자녀는 반드시 올바른 부모의 가치관을 통해 만들어진다는 사실을 알아야 한다.

미국의 버락 오바마가 미국 대통령에 당선했을 때 그 옆에는 세계가

> **INTO**
>
> ### 자녀들의 과소비를 막으라
>
> 2006년 신용회복위원회가 조사한 청소년 소비 행동에 관한 보고서에 의하면 중복 응답자 중 우리나라 청소년의 80%는 연예인이나 친구들을 따라 소비하는 모방 소비에 노출되어 있고, 72.1%는 용돈을 초과해서 사용하는 과소비 성향을 띠며, 60.9%는 갖고 싶은 것이 있으면 일단 사고 본다는 충동구매 욕구를 지니고 있다고 한다. 이대로 우리 자녀들에 대한 올바른 소비 교육이 이루어지지 않는다면 엘리 제사장의 실패한 자녀교육이 그대로 적용되는 것과 별반 다르지 않다. 이를 위해 가장 중요한 것은 자녀들 용돈의 효과적인 관리를 위해 예산을 세우도록 도와주는 것이다. 또 일주일 단위로 사용 금액을 나누어 지갑에 넣고 다니게 하는 것도 효과적인 소비에 도움을 줄 수 있다.

주목한 한 젊은 동양인이 있었다.

'도대체 그가 누구이기에 전 세계를 움직이는 미국의 대통령을 가장 측근에서 수행한단 말인가?'

동양인이었기에 관심은 더욱 컸다. 그는 바로 시각장애인으로 부시 정권 시절 국가인권장애위원회 차관보를 지낸 시각장애인 강영우 박사의 차남 강진영이었다. 미국 명으로 크리스토퍼 강인 그는 미국 백악관 입법관계 특별보좌관을 맡아 승승장구하고 있다. 더욱이 강영우 박사의 큰 아들인 강진석(미국 명, 폴)은 이미 30대 중반의 나이로 미국 조지타운의대의 교수이자 안과의사로 활발하게 활동하고 있다.

강 박사는 본인은 물론 자녀를 훌륭하게 키워 자신의 가계를 멋진 가문으로 만들어 놓았다. 대한민국의 큰 자랑이며 가문의 영광이라 하겠다. 이와 같은 역사는 자녀를 통해 기업을 잇겠다는 아버지의 강력한 의지가 바탕이 되었음은 말할 것도 없다. 이후 강 박사의 후손들은 더욱 발전된 모습으로 미국 사회에서 활발한 활동을 할 것이다.

자녀는 기업을 이어야 할 주체이기 때문에 세상에서 소위 성공이라고 말하는 그 어떤 것보다 가치가 크며 소중하다. 그저 많은 재물만 물려주는 기업은 3대를 잇기 힘들지만 훌륭한 자녀를 통한 기업은 더욱 뿌리가 깊어져 사회에 좋은 영향을 미치는 큰 능력을 키워갈 것이다.

그리스도인의 부는 이처럼 자녀를 중심으로 한 후대의 성장에 매우 중요한 의미가 있다. 후손은 가계를 패망으로 이끌기도 하고 더욱 발전된 모습의 부를 가져다주는 열쇠가 되기도 한다. 세상은 재물만 많으면 모든 것을 이룰 수 있는 것으로 판단하지만 그리스도인의 가계에는 자녀를 기준으로 한 튼튼한 가풍이 자리를 잡고 있어야 한다.

더 보기

자녀에 대한 자산관리 교육

　청소년에 대한 금융 교육은 재정적으로 어려운 경우에는 환경을 극복할 수 있는 지혜와 미래의 삶을 변화시켜 도전할 수 있는 소중한 자산이 되고, 재정이 풍부한 환경에서는 그것을 관리할 수 있는 힘을 더하여 준다.
　금융 교육은 먼저, 청소년 인성 발달에 영향을 준다. 가정의 형편이 어떤지, 저축은 무엇을 위해 어떻게 하고 있는지를 자연스러운 대화를 통해 알려 준다면 자녀는 안정감과 소속감을 동시에 경험하게 된다.
　다음으로, 부모의 경제생활과 가정 경제를 이해하게 된다. 대부분의 자녀들은 자신의 용돈이 왜 만날 부족한지만 불평하며, 부모의 경제적 운용에 대한 고민에는 관심이 없다. 가정의 한 달 소득과 생활비, 자녀를 위해 소득의 얼마를 지출을 알게 하는 것이 곧 금융 교육이다. 셋째로, 올바른 소비 습관을 길러주는 역할을 한다. 우리나라 청소년들은 입시 중심의 교육으로 인해 용돈을 사용하는 것, 즉 지출하는 것만 먼저 배운다. 이러한 환경을 이해할 때 용돈을 기반으로 한 소비 중심의 금융 교육을 정확히 전달해야 한다. 성인이 되어도 자신의 급여를 올바로 관리하지 못하는 경우가 있는데 이는 청소년 시기의 금융 교육의 부재와 관련이 있다.
　넷째로, 금융 환경의 다변화 시대에 올바른 금융 교육은 자녀의 미래를 준비하게 한다. 이제는 돈만 열심히 번다면 재정적으로 부유해질 수 없기에 재정을 올바르게 관리하고 늘리는 방법을 알아야 뒤처지지 않을 수 있다. 단순히 돈을 물려주는 것보다 효율적인 관리 능력을 배양해 주는 것이 더욱 값진 것이다.
　그러나 무엇보다 중요한 것은 진정 자녀의 성공을 원한다면 하나님을 생명으로 믿고 순종하는 자녀로 키우는 것임을 잊지 말아야 한다.

Chapter 4

부자는 지위를 올바르게 활용한다

- 모르드개가 이룬, 부
- 복의 장자권을 사라

모르드개가 이룬, 부

> 모르드개가 푸르고 흰 조복을 입고 큰 금관을 쓰고 자색 가는 베 겉옷을 입고 왕 앞에서 나오니 수산 성이 즐거이 부르며 기뻐하고 에 8:15

가끔은 역사를 통해 평범한 한 인물의 충성스런 태도가 시대를 이끌어가는 모습을 보게 된다. 그리고 그런 경우 다른 어떤 힘을 지닌 사람보다 더욱 강력하게 역사에 영향력을 미친다. 조국 이스라엘의 멸망으로 바벨론으로 끌려가 신앙인의 지조를 지킨 모르드개 역시 그런 역사적 인물 중 한 명이라고 할 수 있다. 그는 열악한 환경에 처해 있었음에도 이스라엘의 역사에 놀라운 흔적을 남긴 사람이었다.

모르드개는 유대인이었지만 바벨론 현지에서 태어난 것으로 추측된다. 바벨론 왕국의 느부갓네살 왕이 유다 왕 여호야긴을 포로로 잡아올 때 그의 부모도 함께 잡혀와 정착한 것이다. 이렇게 유대의 인재들을 잡아갔던 이유는 인재를 끌고와 유대인의 재건을 막고, 한편으로는 그 재능을 바벨론을 위해 사용하기 위함이었다.

원래 모르드개라는 이름은 앗수르와 바벨론의 주신 '마르둑'에서 온 것이다. 포로 지역 내에 거주하는 유대인이 현지인의 호감을 사고 원만한 관계를 유지하기 위해 어원도 모른 채 타국의 이름을 사용하였는데, 아마 그의 이름도 부모가 자식을 걱정하는 마음으로 지은 듯하다.

모르드개는 부자가 아니었고 지위도 없었다. 그저 포로의 신분으로 수산 성안에 사는 나라 잃은 백성 중 한 명일 뿐이었다. 그는 부모를 닮아 총명하였지만 포로의 신분이 그의 능력을 표현하기에 걸림돌이 되었다. 성경에 표현된 것으로 볼 때 매우 강직하고 신앙이 바로 서 있는 사람이었는데, 이런 그의 성격이나 태도는 몇 가지 사건에서 고스란히 드러난다.

그는 왕의 생명을 구해 상당한 위치에 올랐음에도 당시 권력의 중심에 있던 아말렉의 자손 하만에게 절하는 것을 거부해 유대인으로서 신앙적 태도를 양보하지 않았다. 또한 온 유대인이 멸절될 위기에서는 왕비인 조카 에스더의 역할을 종용하여 위기를 벗어나게 했다. 이처럼 그는 자신이 처한 가장 위치를 적극적으로 사용해 자신의 신앙을 지키고, 동족 유대인을 멸망에서 구했다. 그의 올바른 지위의 사용은 이후 재물을 성취하는 능력으로 이어졌다.

그렇다면 크리스천에게 부를 정의하는 데 있어 사회적 지위를 부의 한 종류로 정의할 수 있을까? 지위가 부의 직접적인 분류에는 포함되지 않더라도 이를 형성하는 데 큰 역할을 하는 것은 틀림없다. 그러므로 지위의 가치는 그것을 얼마나 잘 활용하는가에 있다고 하겠다.

얼마 전 상담을 위해 안산의 한 은행에 근무하는 남성을 만난 적이 있다. 급여가 적지는 않지만 집을 사면서 끌어 쓴 부채로 매달 상환 금액이 가계에 큰 부담을 주었다. 그러나 그보다 더 큰 문제는 매번 진급에서 누락되는 것에 대한 불편함으로 가장 힘들어했다. 그는 직장생활에서 크리스천이 마땅히 가져야 할 태도를 굳게 지키며 생활하는 그리스도인이었다. 술 담배는 하지 않았으며 부정직한 것은 멀리하는 건실한 크리스천이었다. 이 사람의 태도는 자신은 물론 하나님께도 부끄러움이 없는 삶이었다.

그러나 그는 매번 불이익을 당하였다. 술을 마시지 않는다고 무시를 당하고, 세상 문화와 어울리지 않는다고 따돌림을 당하였다. 그에게 이것은 매우 큰 스트레스였다. 제때하는 진급은 좋은 지점으로 이동할 수 있는 등의 직장 생활의 발전을 주고 자신의 성장을 보장받는 것이다.

진급은 직장 생활에서 매우 중요한 요소이다. 때문에 동료들은 진급 시즌이 되면 상사에게 선물을 하고 술자리를 대접하는 것은 다반사다. 그러나 이 남성은 그 중요한 시기에 아무것도 할 수 있는 것이 없었다. 술, 담배와 접대 등 소위 진급을 위한 그 어떤 조치도 이 남성이 휘두를 수 있는 것은 없었다.

모르드개의 권력, 재물, 힘, 명예 그리고 전도

　모르드개 역시 이 남성과 다른 위치에 있지 않았다. 세상의 이치대로 한다면 하만에게 술을 따르고 접대해야 하지 않을까? 일개 포로의 자식이 남의 나라 땅에서 살아남기 위해서는 누구보다 현실에 적응하는 것이 필요하다. 그러나 그는 그렇게 하지 않았다. 허리를 세우고 두 발을 땅에 묶어 하만 앞에 꼿꼿이 섰다. 세상이 가장 효과적이라 말하는 수단을 그는 거절하였다. 그리고 하나님은 그런 모르드개에게 당신의 방법으로 복을 허락하셨다.

　하만을 거슬러 목숨을 잃어야 당연했던 그는 상상하지 못할 부와 지위를 누리게 된다. 모르드개가 세상을 거슬러 하나님의 자녀라는 지위를 유지함으로써 얻게 되는 복을 세어보라.

[모르드개가 누린 부의 상징]

1. 왕이 하만에게서 거둔 반지를 주었다

　왕의 반지는 공식적인 문서에 도장을 찍을 때 사용하는 것으로 왕의 결정을 실행할 수 있는 권력을 지녔음을 의미한다.

2. 하만의 집을 에스더에게 주었다

　왕은 나라의 절반이라도 줄 것이라고, 왕후 에스더에게 수차례 약속하였다. 하만의 재물이 왕의 것과 비교할 수 없겠지만 결코 적은 것은 아니었을 것이다. 하만은 유대인을 죽이기 위한 왕의 조서를 얻기 위해 은 1만 달란트를 왕에게 바쳤는데 이는 당시 페르시아 재정의 2/3에 해당하는 엄청난 금액이라고 한다. 이것으로 볼 때 틀림없이 모르드개도 그 지위에 걸맞는 재물을 얻었을 것이다.

3. 유대인은 자신을 스스로 지킬 수 있다는 법령이 반포되었다

당시 페르시아 속국 중에서 메대 등 몇몇 나라들은 특별한 대우를 받았으나 유대인은 그렇지 못하였다. 이러한 환경에서 유대인은 늘 약자였으며 다른 민족들의 침탈을 감수하며 살 수밖에 없었다. 그들에게 대응할 수 있는 법적 근거가 없었다. 그로 인하여 이제는 유대인들을 공격하는 집단에 맞서 스스로 지키고 그 재산을 몰수할 수 있는 권한을 지니게 되었다. 마치 자주권을 인정받은 것과 같다. 포로에게는 일어날 수 없는 일이지만 모르드개로 인하여 가능하게 된 것이다.

4. 명예를 얻었다

그는 푸르고 흰 조복을 입고 금면류관을 쓰고 자색 가는베 겉옷을 입었다. 이는 왕이 입는 자주색 다음의 권위를 인정하는 옷의 색깔이다. 에스더가 자신의 생명을 걸고 유대인을 구하고자 한 것 역시 모르드개로 인해 만들어졌음을 감안한다면 에스더서의 진짜 주인공은 모르드개이다. 하나님은 그의 어깨에 명예와 지위를 얹어 주었다.

5. 전도를 할 수 있는 환경이 열렸다

그의 승리로 인해 분위기는 이미 유대인 쪽으로 흐르고 있었다. 국왕의 전권을 행사할 수 있는 사람이 유대인이었기 때문이다. 어정쩡하게 있느니 개종하여 유대인에게 합류하는 것이 유리하게 보였다. 이는 모르드개의 이름이 마르둑에서 온 것처럼 페르시아인들이 유대인의 이름으로 바꾸는 사람들을 늘어나게 했다. 이처럼 모르드개의 사건으로 전도를 할 수 있는 좋은 환경이 만들어졌다.

크리스천의 지위를 지키는 사람의 부

모르드개는 부자가 되었다. 왕의 다음 가는 지위를 얻었으며 그의 사적

INTO

일의 중심이 되는 섬김과 성공하는 부자

직장에서 성공하기 위해 지녀야 할 마음가짐은 능력과 소명, 섬김, 인격 4가지 열매이다.
먼저 당신은 당신이 무엇에 탁월한지를 알아야 한다(능력). 그리고 하나님의 목적을 위해 일하며, 하나님의 소명을 알고, 의미라는 하나님의 선물을 경험해야 한다(소명). 또한 자기중심적인 삶의 파괴적인 부작용을 벗어나 섬김이 업무의 중심이 되어야 한다(섬김). 마지막으로 바른 사고와 시간, 고통의 압력과 바른 의사결정을 통해 나오는 선한 인격을 만들어 가야 한다.
– 존 맥스웰 『Life@Work:크리스천이 직장에서 성공하는 법』 중에서

은 메대와 바사의 열왕의 일기에 기록되는 명예를 얻었다. 뿐만 아니라 왕국에 하나님의 말씀을 전파하는 좋은 환경을 형성하였다. 그가 얼마만큼의 부를 누렸는지 구체적인 언급은 없지만 이를 추측하기에는 어려움이 없다. 요셉이 종으로 애굽에 들어갔다가 총리가 되어 누렸던 부의 크기를 짐작한다면 모르드개 역시 그와 같은 부를 갖게 되었을 것이다.

그의 관심은 하나님을 향한 신앙과 그것을 실천한 것에 있었다. 돈을 벌고자 노력하거나 포로 생활을 극복하기 위해 재물에 집착한 것도 아니었다. 그가 한 것은 하나님을 믿는 사람으로서 그 자리를 지키는 것이었다. 흔들리지 않는 신앙으로 문제를 넘어서자 하나님은 상상할 수 없었던 복을 주셨다. 지위와 명예, 부 등 세상에서 가질 수 있는 중요한 것들을 아낌없이 부어 주셨다.

그는 이렇게 부자가 되었다. 크리스천의 부는 갑자기 만들어지기도 한다. 보잘것없이 늘 힘들고 고통 속에 살아도 어느 날 하나님은 감당하지 못할 만큼의 부를 부어 주시는 것이 하나님의 방법이다. 부자가 되기 위해서는 크리스천의 지위를 지켜야 한다.

상담에 임했던 그 남성의 태도 역시 복으로 이어질 것이다. 크리스천으로서 위치를 지키려는 태도는 모르드개가 사수하려던 입장과 다르지 않다. 하나님을 인정하고 자신의 위치를 지키고자 한 사람이 누리는 복을 세어보라.

복의 장자권을 사라

야곱이 이르되 형의 장자의 명분을 오늘 내게 팔라 창 25:31

형의 발뒤꿈치를 잡고 태어난 야곱의 삶은 정직한 것과는 멀었다. 그에 대한 평가는 보통 두 가지로 나뉜다. 속임수가 능한 사람이라는 것과 하나님의 복을 받은 사람이라는 것이 그것이다.

구약에 등장하는 인물은 크게 하나님의 구속사적 연속성에 포함되는 인물이냐 그렇지 않느냐에 따라 성공과 실패를 구별한다. 야곱의 인생이 어떠하든 그는 장자의 축복을 받았고 삼촌 밑에서 큰 부자가 되었으며 브니엘에서 하나님의 복을 확정받았다. 즉, 그는 하나님 역사의 흐름에 편입하여 성공한 자의 편에 선 것이다.

야곱의 이야기에서 주목해야 할 점은 그의 재물이 어디에서 시작되었으며 그의 복이 어디에서 왔는지 꿰뚫어 보는 것이다. 야곱이 성경에서 복의 인물로 인정받았던 이유는 단 하나, 장자권에 대한 이해가 분명하였기 때문이다. 야비한 자라는 오명과 죽음까지도 두려워하지 않았던 것은 오직 복의 핵심인 장자권의 획득에 있었다.

야곱의 삶은 참으로 파란 만장하였다. 그는 형에게 쫓기는 삶을 살면서 늘 긴장과 의심을 풀 수가 없었다. 라반의 집에서도 언제 형이 찾아올지, 누가 자신을 해할지 걱정 속에 살았다. 이를 증명하듯 형을 만나는 장면에서는 긴장이 최고조에 달했던 것을 알 수 있다. 행여 형에게 목숨을 잃을까 걱정하여 재물을 두 떼로 나누어 보내지 않았던가?

뿐만 아니라 늙어서는 아들 때문에 속이 썩는 등 염려와 걱정이 끊이질 않았다. 살해와 근친상간으로 그의 집안은 한때 위험에 빠진 적도 있었다. 또한 당대 최대 강국의 왕 바로를 만나기도 하였다. 이 모든 인생의 파란은 모두 장자권을 매개로 발생한 것이었다.

하지만 성경을 읽는 누구도 야곱을 실패한 사람이라고 하지 않는다. 그는 가장 많이 하나님의 복을 받은 자이며 늘 하나님과 동행한 자라고 말한다. 그가 누린 재물 또한 적지 않았다. 이것은 어디에서 시작되었을까?

장자권이 복을 가져다준다

그것은 야곱이 털을 뒤집어쓰고 하나님의 이름으로 아버지를 속여 형의 복을 가로채는 순간부터였다. 하나님이 주시는 복의 장자권을 획득하는 순간, 그의 삶은 성공으로 나아가기 시작했다. 하나님의 복에 대한 소망, 그것이 성공을 가능하게 한 것이다.

복은 그곳에 있었다. 늘 도망자로서 긴장하는 삶을 이어가야 했지만 그 20년의 시간은 세상에서 이룰 수 없는 엄청난 복을 가져다주었다. 마치 하나님이 아담에게 세상을 주신 것처럼 하나님의 복을 얻는 권한을 소유하는 순간부터 그의 인생이 달라졌던 것이다.

족장시대였던 당시에 장자의 명분은 많은 의미를 담고 있다. 우선 아비의 대를 이어 족장을 통솔하고 대소사를 처리할 수 있는 권한이 주어진다. 그리고 유산 중 차남이 받을 상속분의 두 배를 받을 수 있다. 또한 그 가정의 제사장 직분을 수행할 수 있는 권한과 함께 무엇보다 언약 관계에서 영적 축복의 상속자가 될 수 있다. 야곱은 이러한 장자권의 가치에 대해 알고 있었으나 사냥에 바쁜 그의 형 에서는 이를 깊이 깨닫지 못했다.

이러한 환경에서 에서는 동생에게 붉은 팥죽 한 그릇에 장자권을 팔았으니 후세 사람들이 그를 '에돔(붉은 것)'이라고 비아냥거릴 만하다.

이후 두 사람의 삶은 엄청난 차이를 보인다. 야곱은 라반 밑에서 많은 부를 얻었고 영적으로도 요셉을 거쳐 예수님에게 이르기까지 하나님 역사의 중심에 선다. 반면 에서는 이스라엘 민족이 가나안을 향해 가는 길목에서 방해하는 민족으로 등장한다.

▎주먹구구식 재정 운영의 함정

개척교회 목회자를 대상으로 강연하다 보면 간혹 안타까운 현실을 보게 된다. 서울시내 약 20여 명의 목회자가 모여서 개척교회를 효과적으로 운영하는 정보를 교환하고 교제도 나누는 모임이 있었다. 교회의 재정관리 방법은 물론 성도들의 재정을 이해할 수 있는 정보를 달라는 것이 이 모임의 강연 요청 목적이었다.

강연이 끝나고 식사를 했는데 한 목회자에게서 불편한 말을 들었다. 교회를 세워 개척해 오면서 부족한 재정을 메우려다 보니 어느새 은행 빚이 2억 원이 넘어 버렸다는 고백이었다. 빠듯한 교회 재정에 이자 비용을 내고 나면 사례비조차 제대로 받지 못하는 경우가 많다고 하였다.

안타까운 마음에 한 달의 지출을 그때그때마다 주먹구구식으로 하지 말고 가능하면 중요한 것과 급한 것 그리고 덜 급한 것으로 나누어 일단 지출을 통제하는 것이 중요하다고 일러 주었다. 그러면 당장 어떤 변화가 일어나지 않더라도 차츰 재정 환경은 호전될 것이라 충고해 주었다.

그러나 그 다음에 들려온 말에 나의 귀를 의심하지 않을 수 없었.

"그냥 뭐 이렇게 살다가 하늘나라 가면 되지, 뭐 그렇게까지 할 필요가 있나요?"

이건 교회를 책임지고 있는 목회자가 할 말이 아니다. 재정적으로 억압 받는 환경에서 영적인 풍성함이 보장될 리 없다. 만약 사고나 질병이 발생해 이 모든 재정적 환경을 가족과 교회 성도가 떠안아야 한다면 그 고통은 평생의 흔적을 남길 것이다.

실제로, 성도수가 50명 미만의 소형 교회 대부분은 열악한 재정 환경에서 목회를 하고 있다. 더 심각한 것은 이로 인해 목회자가 무기력증에 빠져 있다는 것이다. 매우 안타까운 현실이다.

목회자도 재정의 흐름에 눈을 떠야 한다. 유명한 어느 목회자는 보험 광고에도 출연하지 않는가? 목회자도 예기치 않은 사고로 목숨을 잃는다. 심방이 많아 자동차 사고 가능성이 높고 스트레스로 인한 간 기능 저하도 목회자의 직업병으로 분류될 정도이다. 이런 상황에서 목회자

> **INTO**
>
> ### 성경적인 투자 원칙을 지켜라
>
> 1. 미래를 장담하지 말라.
> 2. 욕심으로 급하게 투자를 결정하지 말라.
> 3. 보증을 서지 말라.
> 4. 투자 상품의 위험 부담을 계산하라.
> 5. 염려를 일으키는 투자를 피하라.
> 6. 배우자와 재정적인 영역에서 일치를 유지하라.
> 7. 잃어버리면 안 되거나 빌려서 투자하는 것을 피하라.
> 8. 단기간에 지나치게 높은 수익률과 이자율을 보장하는 속임수를 피하라.
> 9. 손실을 대비한 분산 투자가 필요하다.
> 10. 하나님을 두려워하는 성경적인 재정 상담가의 조언을 구하라.

가 재정에 관심을 두고 대처한다는 것은 가족과 교회를 보호하는 가장 중요한 수단이 된다.

   야곱은 형에게서 복의 장자권을 샀다. 이 장자권으로 인해 한 사람은 복의 중심인물이 되었지만 다른 한 사람은 역사의 뒤안길로 사라졌다. 성도에게 이 장자권이 필요하다면 목회자 역시 복을 누리는 장자권의 유효성에서 비껴갈 수 없다.

   아담에게 복의 조건으로 주어진 것은 재물이 아니었다. 바로 세상을 다스리는 권리였다. 이것이 부를 가지는 조건이었다. 장자권은 하나님의 복을 받을 수 있는 절대적 권리이다. 장남이었던 에서와 차남이었던 야곱의 처지가 뒤바뀐 것도 바로 이 장자권 때문이었다.

   그리스도인이 부자가 되기 위해서는 반드시 장자권을 소유하여야 한다. 하나님의 자녀가 되는 것이 장자권이다. 열심히 일하는 것이 부자의 지름길이라고 하지만 그보다 우선해야 하는 것은 하나님이 도우시는 길을 알아두는 것이 제일 우선하는 부자의 길이다. 아무리 벌어도 가난한 자가 있는 반면 그렇게 노력하지 않아도 부자로 사는 사람이 있다. 가난한 이유를 사회 시스템에서 찾으며 부자를 비난하지만 그 전에 가장 먼저 살펴야 하는 것이 있다. 바로 하나님의 사람으로서 자신의 권리를 포기하고 있는 것은 아닌가 하는 점이다. 이것을 분명히 아는 것이 무엇보다 중요하다.

더 보기

지미 카터 전 대통령의 워크 프로젝트

미국의 대통령 중 노벨평화상을 수상한 인물은 모두 4명이다. 이중 시어도어 루스벨트, 우드로 윌슨, 버락 오바마 대통령 등 3명은 모두 임기 중 상을 수상했는데 특이하게 임기가 끝난 이후 상을 수상한 대통령이 있다. 바로 지미 카터 전 대통령이다.

그는 국제 분쟁의 평화적 해결, 민주주의와 인권 신장, 지구촌의 경제, 사회 발전에 기여했다는 점에서 임기를 끝낸 지 20여 년이 지난 후에 전직 대통령 자격으로서 수상하였다.

그런데 더욱 인상적인 것은 그런 그도 정작 임기 중에는 인기 없는 최악의 대통령으로 평가 받았다는 것이다. 훗날 카터는 하나님이 자신을 쓰기 위해 대통령이라는 지위를 허락해 주셨던 것이라고 겸손하게 자신의 심정을 고백하기도 했다. 과연 세계에서 가장 영향력 있는 나라 중의 하나인 미국의 전직 대통령이라는 지위가 그의 퇴임 이후 활동에 큰 도움이 됐기 때문이다.

카터의 '전직 대통령' 지위는 94년 6월에 방북해 두 차례 김일성 주석을 만나는 것에서도 큰 역할을 했다. 당시 전쟁 직전까지 긴장이 고조됐던 북핵 문제를 일시에 봉합했던 '제네바 합의'의 단초를 이끌어 냈고, 이는 이후 외교전문가들한테서 남북정상회담 개최를 이끌어 낸 계기가 됐다는 평가를 받았다.

지금도 지미 카터가 하는 일은 너무나 많다. 그중에서도 많은 사람들에게 가장 큰 영향력을 미치고 있는 것은 1984년부터 시작한 지미&카터 워크 프로젝트이다.

이 프로젝트는 지미 카터 부부가 주도하는 국제헤비타트의 대표적인 봉사

프로그램인데, 전 세계에서 모여든 약 1천여 명의 자원봉사자들과 현지인 자원봉사자들, 집을 분양받는 홈파트너 가족 등 3~4천여 명이 일주일 동안 숙식을 함께 하며 현지의 무주택 가정을 위해 대규모로 집을 지어주는 특별 건축 프로그램이다.

그가 펼치는 사랑의 집짓기인 이 운동은 마치 예수님이 그러하셨듯이 폭력과 전쟁을 뒤로 한 채 한 손에는 망치를, 한 손에는 성경을 들고 온 세계를 누비며 하나님의 사랑을 실천하기 위해 오늘도 땀을 흘리고 있는 것이다.

신사 숙녀 여러분, 전쟁은 때로는 필요악이 될 수도 있습니다. 하지만 아무리 필요하다고 할지라도 그것은 언제나 악이지 선이 될 수 없습니다.
- 노벨 평화상 수상 소감 중

수감 소감 그대로 과연 그가 가진 지위는 세계의 평화와 가난한 이들을 섬기라는 하나님의 뜻을 따르기 위해 하나님이 그에게 주신 아름다운 선물이었던 것이다.

Chapter 5

부자는 명예의 가치를 전달한다

- 가난과 부의 초점
- 영적 부자
- 요셉의 삶, 요셉의 명예

가난과 부의 초점

> 그가 음부에서 고통 중에 눈을 들어 멀리 아브라함과 그의 품에 있는 나사로를 보고 _눅 16:23

흔히 재정 관리에서 가장 중요한 것이 지출을 효과적으로 줄이거나 재산을 늘리는 것이라고 알고 있지만 사실은 그렇지 않다. 그것보다 우선되어야 하는 것이 있는데 바로 재정 목표를 명확하게 설정하는 것이다. 돈을 아껴 쓰고 모으는 것이 무엇을 위한 것이고 그것이 왜 충족되어야 하는지를 스스로 분명히 알아야 재정 관리가 실천적 힘을 지니기 때문이다.

상담을 거쳐 간 많은 사람들이 1년을 넘지 못하고 계획을 흐지부지하는 것은 바로 이 목표를 정확히 설정하지 못해서이다. 이를 피하기 위해서는 각 재정 목표를 구체적으로 추적하는 것이 필요한데 이때 실질적인 수치를 동원한다.

예를 들어, '3년 후 (무엇)을 위해 (얼마)를 모아야 한다'고 한다면 여기서 '얼마'를 정확하게 하는 것이 피 상담자의 강력한 재정 관리 실천을 이끌어 내는 유용한 방법이 된다. 그러나 현실은 '3년 후 (주택구입)을 목표로 (저축)을 한다'고 해도 막상 자동차에 문제가 생기면 언제든지 그 재정 목표를 신차 구입으로 변경하기 일쑤다. 그렇기 때문에 구체적인 목표는 매우 중요하다. 심지어는 사치 금액조차 계획에서 진행할 것을 권한다.

홈쇼핑 중독자인 30대 초반 주부가 상담을 위해 방문했다. 그녀의 재정 상태표는 온통 홈쇼핑으로 인한 과다 지출의 흔적으로 가득했다. 소득도 많지 않은데다 그중 상당액이 충동구매로 필요없는 물품을 구입하는 데 낭비되고 있었다.

단순히 소비를 줄이고 가계부 작성을 권하는 것은 크게 의미가 없었다. 이러한 재정적 동기로는 한낮에 은근히 다가오는 홈쇼핑 광고를 제어하지 못한다. 이때 필요한 것이 '사치를 위한(사실은 충동구매를 막기 위한) 재정 항목'을 만들어 주는 것이다. 일 년간 매달 생활비의 일정 금액을 통장에 모아 연말에 그 범위 안에서 마음껏 쓸 수 있도록 배려해 주었다. 이것은 생활비에도 타격을 주지 않아 매우 효율적이었다. 그녀는 사치 금액을 얼마로 정할 것인지를 고민하며 즐겁게 돌아갔다.

그런데 이처럼 수치를 생명으로 하는 재정 관리에 포함되지 않는 것이 있다. 바로 명예이다. 명예는 정신적인 가치이며, 수치로 설명할 수 있는 것이 아니기에 이를 인생의 목표로 삼는 사람은 거의 없다. 오직 수치화한 돈인 재물을 인생의 가장 큰 목표에 올렸을 뿐이다.

그러나 사실 크리스천에게 재물보다 더 소중한 것이 있다면 그것은 바로 '하나님의 아들', '영생을 소유한 그리스도인'이라는 명예를 얻는 것이다. 이것보다 더 소중한 것은 없다고 해도 과언이 아니다. 그럼에도 대부분 크리스천이 이것을 망각하고 사는 것은 일차적 삶의 목표, 즉 재물을 주머니에 충분히 채우지 못해서이다.

명예는 재물의 충족 다음에 요구되는 2차적 욕망이다. 1차적 생리가 해결되지 못한 상태에서 명예를 바라본다는 것은 어려운 일이다. 대부분의 사람들이 돈에 집중하는 것은 1차적 생리가 충족되지 않았다는 것과 같다. 그렇다고 명예를 무시해도 좋다는 것은 아니다. 명예는 크리스천의 삶이 가치 있는 것이라는 것을 증명하는 단어이기 때문이다.

이러한 의미에서 성경에 나오는 거지 나사로는 이런 순서를 뛰어넘는 인물이다. 이 이야기는 누가복음 16장 19-31절에 소개되고 있는데 내용은 짧아도 이해하기는 어렵다.

거지 나사로가 얻는 것과 부자가 잃은 것

성경은 부자가 자신의 재물을 연락(宴樂)하였다고 하였다. 그리고 나사로는 일하지 않고 부자의 부스러기 음식을 주어먹었다고 설명하고 있다.

정황상 나사로는 질병이나 장애 등으로 일할 수 있는 능력을 상실하였다. 왜냐하면 성경은 일하지 않는 사람을 두둔하지 않는데, 심지어 일하지 않는 자는 먹지도 말라고까지 말하기 때문이다. 그는 할 수 없이 구걸을 하며 하루하루를 연명했던 것이다.

그에게는 회복할 수 없는 상처가 있었다. 헌데의 상처가 얼마나 깊은지 개들이 핥는 것을 내버려 둘 정도로 그 상처는 고통을 동반했다. 그리고 그 상처가 마침내 생명을 앗아갔다. 일할 수 있는 능력을 상실한 채 하루하루의 고통의 삶을 살다가 그 생명이 끊어진 것이다.

성경은 이런 나사로가 죽어서 아브라함의 품에 안겼다고 표현한다. 이스라엘 민족에게는 세 조상이 있다. 인류의 조상 아담과 세상의 조상 노아, 그리고 믿음의 조상 아브라함이 그들이다. '아브라함의 하나님_{마 12:26}'이자 '하나님의 벗_{약 2:20}'이라는 호칭을 들을 정도로 그는 이스라엘 민족에게 믿음의 표상이다. 나사로가 이런 아브라함의 품에 안겼다는 것은 바로 그의 믿음이 경건했다는 간접적 표현이다.

여기서 나사로가 천국에 간 것은 가난하였기 때문이 아니라 신앙이 신실하였기 때문임을 알 수 있다. 그의 신앙은 아브라함의 사랑을 받을 만큼 아름다운 것이었다. 비록 일차적 욕망인 재물은 얻지 못하였지만 부자조차 얻지 못한 천국을 소유함으로써 크리스천의 궁극점이라 할 수 있는 명예를 얻었다는 것이 성경의 해석이다.

▎재물에 명예를 더하는 성공 인생

　현대에도 명예를 소중히 여긴 사람이 있었다. 바로 백화점 왕으로 불린 미국의 존 워너 메이커다. 그는 원스톱 구매 시스템의 백화점을 세우고 남들이 상상하지 못하는 특이한 마케팅으로 부를 누렸다. 이것이 많은 사람들이 기억하는 존 워너 메이커다. 하지만 정작 그가 심혈을 기울여 투자를 한 것은 따로 있었다. 그중 하나가 YMCA에 대한 헌신이었다.

　당시 필라델피아는 산업화와 도시화의 영향으로 많은 젊은이들이 일자리를 찾아 도시로 모여들고 있었다. 이로 인해 마약, 담배, 섹스와 같은 부작용이 사회 문제로 대두되었다.

　많은 교회들이 이러한 문제점을 알고 있었지만 뾰족한 대응 방안이 없었다. YMCA는 워너 메이커를 중심으로 이 문제를 대응하였다. 그 대표적인 것이 '금주서약운동'인데, 여기에 수많은 젊은이들이 참여해 사회적 반향을 일으키기도 했다.

　YMCA 역할의 중요성을 인식한 워너 메이커는 이후 필라델피아뿐 아니라 동경, 북경, 모스크바 그리고 마드리스, 캘커타 그리고 우리나라를 비롯한 많은 나라에 YMCA 빌딩을 건축하는 데 자신의 사업을 통해 모은 돈을 아낌없이 기부하였다.

　또한 그는 주일 성수를 가장 중요시했다. 미국의 23대 대통령 해리슨이 그를 체신부 장관으로 임명하자 '주일 성수를 지킨다는 조건'으로 그 제안을 수락하였을 정도였다. 미국의 체신부 장관으로 그 조직을 효과적으로 관리하면서 매 주일마다 워싱톤에서 필라델피아까지 왕복한다는 것은 쉬운 결정이 아니었다. 그러나 그는 임기 4년 동안 한 번도 빠지지 않고 하나님과 맺은 약속을 지켰다. 그는 19세에 시작한 주일학교 교사직을 생을 마감하는 85세까지 67년간이나 충성스럽게 봉사하였다.

존 워너 메이커는 백화점 사업으로 엄청난 돈을 벌었다. 그러나 만일 그에 맞는 봉사나 기부를 실행하지 않아 명예를 쌓지 않았다면 그는 단지 돈만 아는 사람으로만 알려졌을 것이다. 뿐만 아니라 하나님에게 인정받는 데도 실패하였을 것이다.

> **INTO**
>
> ### 믿음, 소망, 사랑으로 이끌어 가는가?
>
> 리젠트 칼리지의 폴 스티븐스 명예교수는 '무엇이 기업을 기독교적으로 만드는가?' 라는 제목의 강의를 한 적이 있다. 그는 기독교 기업은 종교적인 성격으로 만드는 것이 아니라 '믿음, 소망, 사랑으로 이끌어 가는가'에 따라 결정된다고 강조했다. 개인인 크리스천도 마찬가지일 것이다. 무엇이 우리를 진정한 크리스천이 되도록 만드는가? 우리 삶의 과정에서 하는 일, 특히 일터에서 일하는 모든 과정에서 기독교적인 정신인 믿음과 소망, 사랑으로 행하고 있는지 돌아보아야 한다. 그래야 우리는 진정한 크리스천이 될 수 있을 것이다.
>
> – 방선기 직장사역연합 대표

재물을 많이 모으는 것도 중요하다. 그러나 그 모은 재물에 명예를 더한다면 이보다 더 완성도 높은 인생은 없다.

　나사로의 명예를 탐내자. 헐벗고 상처 투성이였던 나사로는 세상에서 약자의 모습의 전형이다. 반면 부자는 자신의 부를 즐기며 부족함이 없는 삶을 살았다. 시간이 흐른 후 부족했던 나사로가 얻은 것이 있었고, 부족함이 없던 부자가 잃은 것이 있었다.

　부자가 잃었던 것은 어리석은 부자라는 이름으로 명예와 천국이었다. 반면 나사로는 아브라함의 사랑을 받는 명예를 소유하였다.

　이것의 차이는 엄청난 것임을 알아야 한다. 재물이 몸을 즐겁게 하는 시간은 고작해야 70년이다. 그것도 건강한 때에라야 그나마 재물은 즐겁다. 몸이 상하고 나이가 들어 움직이지 못할 때면 재물은 만족을 가져다주지 못한다. 이처럼 재물의 사용 기한은 정해져 있다. 한편 명예는 영생을 확보하는 가장 올바른 도구가 된다.

영적 부자

> 너의 행사를 여호와께 맡기라 그리하면 네가 경영하는 것이 이루어지리라 _잠 16:3

사람은 누구나 부자가 되기를 원한다. 그 부는 흔히 '꿈'이라는 이름이나 '성공'이라는 목표로 표현된다. 공부 잘하는 자녀를 원하거나 승진을 기대하는 것 역시 성공 뒤에 자리 잡고 있는 부에 초점을 맞추고 있음을 부인할 수 없다. 이로 인해 많은 사람들이 성공한 사람과 부자를 동일하게 일컫는다.

이렇듯 인생의 꼭짓점에 앉아 있는 듯한 목표가 되어 버린 그 '부富'라는 것이 무엇인가? 그리고 과연 삶에서 부를 이루기만 하면 성공한 것인가?

본래 부의 필요성은 연약한 육체의 한계로 인해 생성된 가치이다. 특히 나이가 들면 더 약해지고 쇠락한다. 비행기 없이 지구를 돌아다닐 수 없으며, 먹어야 살고 집이 있어야 보호 받을 수 있다. 이것을 극복하기 위해 돈이 필요하고 그래서 부를 목표로 삼는 것이다. 하지만 사악한 사람의 속성은 '좀 더 많이' 라는 욕심으로 필요한 부의 크기를 점점 키워놓는다.

  지금 현실의 우리는 속옷 한 장 입지 않아도 불편하지 않던 아담의 부를 현실의 우리에겐 너무 작게 느낀다. 신발은 더욱 좋아지고 비싸졌지만 신발이 없어도 안전하던 발바닥은 발을 보호하는 신발 때문에 오히려 약해졌다. 그리곤 어느 순간 중요한 것은 발이 아니라 신발이 되고 말았다.

  이렇듯 '좀 더 커야 되고', '좀 더 만족스러워야 하고', '좀 더 많아야 하는' 이유로 부의 끝은 마침내 소실되고 말았다. 이 과정에서 '좀 더 많이'에 가까운 사람이 부자 또는 성공한 자라 불리게 되었고, 그렇지 못하는 이는 실패자의 누명을 덮어 쓸 수밖에 없다.

  수년 전 존경하는 박사님 한 분과 다과를 즐길 시간이 있었다. 그 분을 찾아뵈었을 때 막 다른 사람과 상담이 끝난 듯했다. 박사님은 내게 물었다.

  "방금 나간 사람이 얼마나 큰 부자인 줄 아는가?"

  "왼쪽에 앉아 있던 사람은 자산이 2,000억 원이고, 오른쪽 사람은 무려 3,000억 원을 가지고 있는 사람일세."

그 말을 듣고 나는 입을 다물지 못했다.

'외국에서 유명 스포츠 선수 또는 기업의 총수들이나 가지고 있을 법한 재산을 가진 부자들이 조금 전까지 이 공간에 있었다니….'

나는 그들의 모습이 궁금해 박사님께 물었다.

"그들이 부자라면 외모는 어떻게 꾸미고 다닙니까? 고급 옷에 값비싼 손목시계 등은 기본이겠지요?"

이 말에 박사님은 아주 덤덤한 투로 이렇게 말해 주었다.

"부자는 외모로는 표식이 나지 않아. 일반인과 다르다면 타고 다니는 차 정도가 고급일 뿐 다른 것은 별반 차이가 없다네. 큰 부자는 자신이 드러나는 것을 원하지 않거든. 금방 자네 들어오면서 나가는 두 사람을 보지 않았나?"

나는 기억이 없었다. 그들이 무슨 옷을 입었는지 어떤 구두를 신었는지, 너무나 평범한 노년의 두 사람을 보았을 뿐이었다.

1%의 억만장자와 99%의 재물을 좇는 사람들

세상에는 위와 같은 엄청난 부를 가진 사람도 있다. 그리고 나머지 대부분의 사람은 부자를 꿈꾸고 살아간다. 그리고 그 대부분은 부를 이루기 위해 어디에서 출발해야 할지 알지 못한다. 특히 자신의 재정에 대한 정확한 기준을 소유하지 못한 경우 참된 부자와 거리는 더욱 멀다고 하겠다.

나이가 들어 결혼한 한 여인이 남편 몰래 나를 찾아와 상담을 요청한 적이 있다. 이 가정의 재정이 특이했던 것은 소득이 200만 원 밖에 되지 않았음에도 보험 지출이 100만 원을 넘는 상황이었다. 왜 이렇게 많은 보험료를 내느냐고 물었다. 그러자 소득도 적은데 남편이 다치거나 아프면 보험금으로 소득을 보충하려는 의도라고 하였다.

나는 말문이 막혔다. 소득이 적다면 불필요한 지출을 줄여 자산의 증식을 꾀하는 것이 일반적인데 이 부부는 오히려 반대로 생각했다. 사람이 다치거나 아플 때도 있지만 그 가능성에 가계 대부분의 비용을 지출한다는 것은 합리적인 판단이라 할 수 없다.

가계 지출에 있어 각 항목의 소득 대비 적정 비율이 있다. 물론 이것은 우리나라의 형편을 감안한 것이 아니라 대부분 미국 것을 가져다 쓰는 관계로 정확하지는 않지만 어느 정도 참고할 가치가 있다.

우선 보장성 보험은 가능하면 적을수록 좋다. 보험료가 소득의 10%나 8%가 적당하다는 것은 보험사의 의견일 뿐이다. 보험은 보장이 좋을수록 좋고 보험료는 낮을수록 양호하다. 따라서 무작정 보험을 들 것이 아니라 효과적인 것을 선택하려는 노력이 필요하다.

다음으로 부채 청산을 위한 매달 지출 비용은 소득의 20%선 이하, 저축은 30%를 넘는 것이 좋으며 맞벌이라면 50% 이상이 양호하다. 그리고 식료품비는 우리나라의 물가가 높기는 하지만 50만 원 내외면 적당하다.

이와 같은 기준은 단순하지만 이를 알고 실천하는 가계는 매우 드물다. 이 기준은 수천억대의 부자를 만들어 주지는 못하지만 실제 생활에서 합리적인 재정관리의 지침을 전달하고 점진적으로 부를 형성하는 주춧돌이 되는 것은 틀림없다.

최고의 꼭짓점에 있는 부자의 척도

모든 사람은 재물을 많이 모으는 것에 관심을 집중한다. 그리고 부는 인생의 완성을 의미하는 것이라 믿는다. 그러나 크리스천은 여기서 한 걸음 더 나아가야 한다. 즉, 영적인 부를 획득하는 것이 가장 궁극적인 인생의 목적이 되어야 하는 것이다.

영적 부는 자신의 만족을 벗어나 하나님 만족에까지 이르는 것을 목적으로 한다. 이것은 인간이 삼을 수 있는 가장 고결한 목적이며 피조된 자로서 누릴 수 있는 가장 큰 부라고 할 수 있다.

성경에는 영적인 부의 가치를 일깨워 주는 인물들이 있었다. 용사 입다가 그랬고 세례 요한이 그랬으며 히스기야가 이와 같았다. 이들의 한결같은 목적은 하나님을 기쁘시게 하는 것에 있었다.

입다는 서자였던 까닭에 아버지의 재산을 상속받을 자격을 상실하였으며 배 다른 형제들에게 배척받아 이웃 나라를 떠돌아야 하는 형편이었다. 생존을 위협받는 입다는 재산을 형성하고 가계를 일으킬 만한 환경에 있지 않았다. 그럼에도 그가 성경에 다윗과 더불어 이름을 올려놓을 수 있었던 것은 바로 하나님의 이름을 높이는 영적인 부에 집중할 수 있기 때문이었다.

히스기야는 아버지의 실정으로 나라의 재물을 이방 나라와 신에게 받치고 주변국이 위협하는 위기에서 왕권을 이어받는다. 새로운 왕이 된 그는 이 어려움을 하나님께 집중함으로써 해결하고자 하였다.

그는 영적인 부를 먼저 갈망했고, 이후에 재물이 채워졌다. 성경은 이렇게 오직 하나님을 바라보았던 그가 성취한 재물의 크기가 셀 수 없이 많았음을 우리에게 증명한다.

> 히스기야가 부와 영광이 지극한지라 이에 은금과 보석과 향품과 방패와 온갖 보배로운 그릇들을 위하여 창고를 세우며 대하 32:27

입다나 히스기야 모두 위기를 극복하기 위해 하나님을 기쁘시게 하는 영적인 부를 목적으로 삼았다.

아무리 분명한 기준으로 많은 재물을 모았더라도 그것이 하나님을 기쁘게 하지 못한다면 그것은 올바른 부라고 정의할 수 없다. 또한 아무리 적은 재물이라도 하나님을 드러내는 데 사용했다면 그는 부자라 할 수 있다. 크리스천은 영생을 바라보는 자로서 육체의 한계에 갇혀 재물에만 의지할 수 없는 존재이기 때문이다.

영생을 소유하지 못한 사람은 영적인 부의 가치를 간파하지 못한다.

물질의 권력과 그것이 가져다주는 쾌락에 녹아 영적인 만족감, 하나님이 나를 만지시고 운행하시는 즐거움을 누리지 못한다. 원초적인 하나님의 호흡 소리에 내 영이 기뻐하는 즐거움을 맛보지 못한다.

그리스도인의 부는 영적인 부가 최선의 것이어야 하며 최고의 꼭짓점에 있는 부의 가치 이상이어야 한다. 돈을 많이 가졌느냐보다 누가 더 하나님을 기쁘시게 하였느냐에 따라 그리스도인이 말하는 '부자'의 척도가 달라지는 것이다.

요셉의 삶, 요셉의 명예

> 요셉이 백십 세에 죽으매 그들이 그의 몸에 향 재료를 넣고 애굽에서 입관하였더라 _창 50:26

창세기에서 요셉에 관한 이야기는 30장 24절에서 50장 마지막 절까지 이른다. 이 비중에서도 알 수 있듯이 성경은 가장 미래지향적이며 하나님의 의지대로 살고자 했던 인물 중 한 명으로 요셉을 높이 평가한다. 그의 삶을 통해 드러나는 삶의 자취 역시 현대 그리스도인들이 가장 닮기를 희망하는 모습이 되었다.

요셉은 수천 년 전 재정관리에 가장 뛰어난 인물이었다. 노예의 신분에서 최고의 재상에 이르기까지 그의 성공 뒤에는 재정을 다루는 탁월한 능력을 바탕으로 했다. 당대 최강국의 재정을 성공적으로 관리하기 위해서는 그만큼의 지식과 방법이 필요했음은 말할 것도 없다. 이것은 현세에 가계를 관리하는 중요성에서도 동일하게 적용된다.

일반적으로 가계의 돈을 관리하는 방법에는 두 가지 기법이 있다. 자산관리와 재정관리가 그것이다. 우선 재정관리란 소득과 각종 지출을 기록하고 나머지 잉여자금을 가계의 형편대로 각 재정 목표에 가중치별로 투입하는 것을 말한다. 이 과정에서 재정 목표와 준비 기간에 따라 리스크를 감안한 적절한 금융상품을 선택하게 된다.

반면 자산관리는 재정관리에서 필요한 현금 흐름표나 재정 상태표 등이 필요치 않다. 단순히 잉여 목돈을 얼마만큼의 리스크를 안고, 얼마의 수익을 위해, 어떤 상품에 투자할 것인가를 결정하는 방법이기 때문이다. 따라서 자산관리는 노후준비와 교육비 그리고 주택마련자금과 같은 재정적 목표를 추적하는 기법이 아니라 단지 일정 기간 내에 몇 퍼센트의 수익을 확보할 것인가에 초점을 맞추고 있다고 할 수 있다. 때문에 자금의 성격상 재정관리보다 다소 공격적으로 운영하는 것이 자산관리의 일반적인 특징이다.

이것은 단순한 원칙이지만 실제로 이를 분명히 알고 있는 사람은 많지 않다. 자신의 형편과 보유하고 있는 자금에 따라 자산관리를 해야 하는지 아니면 재정관리를 해야 하는지 정확한 판단을 내리지 못하는 것이다.

분명한 것은 잉여자금을 운용하고자 한다면 자산관리를 적극적으로 권하지만 적립을 통해 목적 자금을 형성해야 한다면 재정관리가 필수적이다.

경험적으로 볼 때 어느 정도 자산 규모가 형성되기 전까지는 재정관리를 통한 자산의 증식이 필요하고, 일정 규모를 넘어서면 자산관리가 증식에 효과적이라 할 수 있다.

호주는 가계 지출이 소득의 102%에 이른다고 한다. 소득보다 지출이 많은 것이다. 금융위기로 인해 이 수치는 94%로 낮아지긴 했지만 여전히 높은 수치라고 할 수 있다. 우리나라 역시 소비중심적 생활과 물가 등 여러 가지 환경으로 저축률이 해마다 떨어지고 있다. 이 문제를 해결하기 위해서는 위와 같은 재정관리와 자산관리 같은 원칙을 실제 재정 상황에 대입하는 방법밖에는 없다.

역사를 개척한 요셉의 삶

요셉이 구체적으로 어떻게 애굽의 나라 살림을 관리했는지 알 수 없지만 이웃 나라에 곡식을 빌려주고 수익으로 20%를 받았다는 것은 매우 효과적으로 나라살림을 관리했음을 알 수 있다. 이러한 요셉의 재정관리 능력은 곧 명예로 이어졌다.

야곱이 죽자, 시의들은 시신이 썩지 않도록 야곱의 시신에 방부제인 향재료를 넣었다. 이는 의술이 발달했던 이집트에서 귀족이 죽었을 때, 꼬박 40일이 걸려 시신을 미라로 만드는 작업이었다. 그리고 애굽 사람들은 야곱의 죽음을 애도하며 70일을 곡하기까지 했다.

요셉의 아버지 야곱의 장례를 매우 성대하게 치렀던 것이다. 그리고 총리대신 요셉의 장례식은 100일장으로 치러졌다. 애굽의 대왕들의 장례도 72일을 넘지 않았던 것을 감안한다면 역사상 가장 긴 장례식이었다. 요셉을 아쉬워하는 애굽인의 마음이 그대로 나타난 것이다. 이것이 요셉의 명예였다.

그리고 요셉이 애굽에서 누렸던 명예는 400년 후 엄청난 역사의 흐름을 만든다. 야곱이 70명을 데리고 요셉의 초청으로 애굽으로 들어온 지 약 400년 후 이스라엘이 가나안 땅을 얻을 수 있는 힘이 생긴 것이다.

> 요셉과 그의 모든 형제와 그 시대의 사람은 다 죽었고 이스라엘 자손은 생육하고 불어나 번성하고 매우 강하여 온 땅에 가득하게 되었더라 _출 1:6-7_

요셉이 17세부터 110세까지 쌓아온 명예는 이스라엘 민족의 꿈이 잉태하는 밑거름이 되어 주었다. 요셉을 알지 못하는 왕이 나타날 때까지 요셉의 명성은 이스라엘 민족이 이국땅에서 자신의 형세를 키우고 스스로 주권을 찾을 수 있는 근거를 제공한 것이다.

| 한 치의 흔들림 없는 명예의 가치

엄청난 부를 누린 부자로서 요셉을 바라보는 것도 중요하지만 민족의 터전을 일구는 역사의 바탕을 형성한 요셉의 명예를 설명하는 것도

의의가 크다. 마치 보잘 것 없는 이스라엘 민족의 자생력을 키우는 인큐베이터 같은 역할을 감당한 것이 요셉의 명예라고 할 수 있기 때문이다. 그의 명예는 모세를 잉태하였으며 가나안을 품을 수 있는 근거가 되었다.

그는 도저히 승리할 수 없는 이와 같은 환경에서 불굴의 의지로 성공하였다. 그 누가 종으로 시작하여 당대 최강국의 총리 자리에 오르는 것을 예상할 수 있었을까?

요셉은 모든 것을 가졌던 사람이라고 할 수 있다. 일인지하 만인지상의 지위를 누렸으며, 대 제국의 총리로서 그 누구보다 많은 부를 이루었던 인물이다.

그의 말과 결정은 곧 파라오의 명령이자 국가의 정책이 되었다. 가지고 싶은 것은 세상의 가장자리에 있는 것일지라도 손에 넣을 수 있었고

INTO

요셉의 위기관리 경영

요셉은 바로의 꿈을 해석하여 인정을 받게 되었는데, 바로 7년에 걸친 가뭄으로 인한 흉년의 위기였다. 먼저 요셉은 백성의 기근과 죽음을 막는 것에 목적을 두었다. 둘째, 장기적이고 조직적이며 전국적인 위기관리 체제를 가동했다. 마지막으로 요셉은 하나님이 주시는 창조적 지혜로 위기를 관리했다.

– 『성경으로 배우는 리더십』 중에서

그 누구도 자신의 명령에 거역할 수 있는 사람이 없었다. 이것이 이방인 누구도 얻을 수 없는 명예를 누렸던 요셉이 가졌던 부의 크기였다.

이 명예의 기초는 최강국이자 최부국이었던 애굽의 재정을 효과적으로 관리할 수 있었던 능력에서 출발하고 있음을 놓칠 수 없다.

현대 그룹의 고 정주영 회장은 후대에 잊을 수 없는 물건 하나를 남겼는데 그것이 바로 그가 생전 일하던 시절 신었던 신발이다. 그 신발은 멋지고 예쁜 디자인을 지닌 것이 아니었다. 오히려 헤지고 찢어진 곳이 너무 많은 너덜너덜한 신발이었다. 정 회장은 이 구두를 수십 년 동안 꿰매고 굽을 갈아가며 신었다고 한다. 이 신발은 전 세계를 누비던 그의 꿈과 열정을 담고 있기에 사후에도 그의 감동적인 삶을 표현하기에 부족함이 없는 물건이 되었다.

이 신발은 현대 그룹의 수많은 직원들에게 귀감이 되고 전설이 되어 회사를 위해 무엇을 해야 할 것인지와 명예의 가치를 말없이 전달하고 있다.

이것이 명예이며, 명성이다. 죽어서도 한 치의 흔들림 없이 자신의 의지를 전달하는 것, 그것이 바로 명예의 능력인 것이다. 그는 이방의 한 노예로 시작해 강대국의 총리대신으로 삶을 마감했다. 하지만 그의 명예는 아직 죽지 않았다. 이스라엘이 가야 할 곳, 모세가 움직여야 할 곳, 그곳을 지향하는 것이 바로 요셉이 이루어 놓은 명예의 방향이었다.

더 보기

인생의 후반전, 명예를 남긴 사람들

　세상에는 인생의 전반전과 후반전이 완전히 다른 삶을 살다간 많은 사람들이 있다.

　로마 사람인 마셀루스와 한국의 김익두도 그런 사람들 중의 하나였다.

　기독교가 로마의 박해를 받던 시절, 마셀루스는 로마의 장군으로서 동굴을 파 신앙생활을 하던 그리스도인들을 죽이라는 황제의 명령을 받고 출동한다.

　그는 뛰어난 공적과 주변의 신뢰를 받아 장래가 탄탄대로였던 생각이 깊은 장군이었지만 이전부터 무자비한 기독교 탄압에 대해 회의감을 느끼고 있었다. 원형경기장인 콜롯세움에서 사나운 사자가 자신과 형제의 살을 찢는 피 튀기는 살해의 현장에서도 오히려 기도하며 죽어갔던 그리스도인들의 빛을 기억하고 있었던 것이다.

　그는 결국 카타콤에 가서 기독교의 진리를 얻고 그곳의 동료들과 함께 카타콤을 지키다 순교까지 한다.

　한국에도 유명한 동네 깡패였던 이가 회심 이후 일제시대와 6·25전쟁을 거치며 순교에 이르기까지 만주와 연해주로 다니며 부흥회를 인도한 김익두 목사가 있다.

　그가 하루는 부흥회를 인도하러 가던 중 나무 그늘에서 쉬고 있던 차에 갑자기 한 남자에게 주먹으로 사정없이 맞는 일이 벌어졌다.

　원래 유명한 깡패로 악명 높던 김익두 목사였으나 이유 없는 사내의 매질에도 묵묵히 맞기만했다. 매를 모두 맞은 후 "예수는 내가 믿고 복은 자네가 받았네"하며 자신이 김익두라고 밝히자 때리던 남자는 익히 그의 유명한 주먹을 알고 있던 터라 사색이 되어 떨었다.

두려워 어쩔 줄 몰라하는 그 사내에게 김익두 목사는 이렇게 말했다.

"내가 예수 믿기 전이라면 당신 오늘 장례식 날인데, 내가 예수 믿은 덕에 당신이 오늘 산 줄을 알아."

결국 그 사내는 김익두 목사와 함께 부흥회에 참석하고, 회심을 하고는 이후 훌륭한 장로가 되었다고 한다.

두 사람은 각자 다른 시대를 살아간 사람들이지만 한 가지 공통점이 있는데 모두 진정한 명예의 가치를 지켜 다른 이들에게 선한 유산을 남겼다는 점이다.

마셀루스는 로마의 장군이라는 명예 대신 믿음이라는 명예를 지켰고, 김익두 역시 사람들이 무서워 벌벌떠는 주먹으로서가 아닌 예수의 사랑으로 다른 사람들을 용서하고 덮어주는 그리스도인의 명예를 지켰던 것이다.

"나는 그리스도인입니다."

이 말이 카타콤에서 그리스도인 공동체 사람들과 죽음을 맞이한 마셀루스의 명예로운 한마디였다.

Chapter 6

부자는 사역의 기쁨을 나누는 사람이다

- 누가의 다른 이름, 사역자
- 루디아는 포목 장수였다
- 드리는 사업
- 사역으로 부를 이룬, 입다

누가의 다른 이름, 사역자

> 소금이 좋은 것이나 소금도 만일 그 맛을 잃으면 무엇으로 짜게 하리요 _눅 14:34_

누가의 직업은 의사였다. 의사란 지금이나 예수님의 시대나 사회적으로 매우 중요한 직업이다. 생명을 다루는 관계로 전문적인 지식이 필요하고, 예민한 치료 기술을 요구하는 것이 의사라는 직업의 특성이다. 수리아 안디옥에서 태어나 그곳에서 의학을 공부하고 의사가 되었던 누가 역시 예외가 아니었다.

직업의 특성이나 지식의 정도로 보아 그가 부자였을 것이라고 추측하기는 어렵지 않다. 성경에는 다소 부정적인 의미이긴 하지만 의사들에 대한 언급이 나온다.

마가복음에서는 혈루병을 앓던 여인이 많은 의사에게 괴로움을 받앗고 가진 것도 다 허비하였으되 아무 효험이 없고 도리어 더 중하여 _{막 5:26}'겼다고 기록하는데, 이를 통해 당시 의사들이 돈을 많이 벌었다는 사실을 간접적으로 알 수 있다.

이러한 형편이었던 누가가 전도사역에 참여했다는 것은 일반인들이 보기에 쉽게 이해하기 어려운 부분일 수 있다. 당시 전도란 것이 생명의 위협을 받으며 초라한 환경에서 익숙하게 살아야 하는 결단을 요구했기 때문이다. 예수님의 열두제자 역시 대부분 전도 중 생명을 잃었다.

무엇이 안전하고 부유한 삶을 버리고 생명을 담보로 하는 인생을 살게 하였을까? 성경은 이런 의문점에 대해 설명하지 않는데, 누가 자신이 기록한 누가복음이나 사도행전에서조차 그 이유를 밝히지 않는다.

누가가 걸은 의사, 저자, 전도의 길

이러한 누가가 감당했던 사역은 크게 세 가지 영역이었다. 우선 의사로서 역할이었다. 그의 의술은 모든 성도들에게 필요한 것이었지만 특히 바울에게는 절실하였다. 바울은 안과적 고질병에 걸려 있었다고 전해진다. 그가 말하는 '육체적 가시'는 이것 외에도 무수한 옥중생활과 태장, 돌에 맞고 굶주림과 추위에서 생긴 육신의 약함을 말한다.

그의 육신이 약해질 대로 약해졌을 때 누가는 그를 지켜줄 수 있는 동역자였다. 바울이 가이사랴와 로마에서 옥살이를 할 때도 그는 바울

옆에 있었다. 외롭고 힘들 때에도 주치의로서 그리고 가장 친한 친구로서 바울의 옆을 지켰다. 누가는 동역자 중 가장 사랑 받는 사역자였음은 말할 것도 없다.

다음으로 복음서의 기록에 있다. 누가가 보여준 필체는 사복음서 중에서 가장 뛰어나다. 분석적이고 논리적인 사고로써 그 당시의 사회상을 예리하게 파악하여 사회 경제적인 문제와 다양한 이슈들을 깊이 있게 다루었다.

누가복음과 사도행전은 본래 한 권이었는데, 누가복음은 누가가 예수님의 사역을 지켜보며 이를 시간적으로 나열하여 예수님이 우리를 구원하셨음을 밝히고자 하였다. 그리고 사도행전은 복음이 로마를 비롯해 전 세계에 전파되는 과정을 역사적으로 서술하였다. 이처럼 누가는 의사로서만 아니라 저술가로서 예수님의 복음을 정확히 이해하고 있었으며 기록을 통해 믿지 않는 사람들에게나 믿는 사람들에게 신앙적 도전을 주었다.

마지막으로 그는 전도에 집중하였다. 2차 전도 여행부터 바울과 함께했던 누가는 드로아와 빌립보부터 바울과 동행하였으며, 3차 전도 여행 때는 빌립보에서 다시 만나 예루살렘에 이르기까지 함께하며 복음을 증거하였다. 또한 로마까지의 힘한 여정에도 동행하여 바울이 가이사랴와 로마 감옥에 두 번이나 갇힐 때에도 항상 함께하였다. 바울의 고통은 곧 누가의 역경이기도 하였다. 이들은 전도 영역을 이방 세계에까지 넓혀 가는 데 관심을 두고 이 사역에 충실하였던 것으로 보인다.

▎당신의 직업이 감당할 수 있는 사역

의사는 보이는 것과는 달리 매우 외로운 직업이다. 눈, 코, 귀, 입, 항문 그리고 내장 등 자신이 전공한 특정 분야만 관찰한다. 그리고 만나는 사람들의 100%는 신체 또는 정신적인 고통을 지닌 사람들이다. 골절, 사고, 피, 고통, 수술 등의 단어는 늘상 접하게 되는 원치 않는 단어들이다. 때문에 의사는 치료를 주는 대신 자신은 정신적 고통이 깊을 수밖에 없다. 그래서 의사들은 도박, 술 등 한곳에 몰입하는 경향이 있다고 한다. 직업에서 발생하는 스트레스를 이기지 못하기 때문이다.

몇 년 전 울산의 한 지역 의사회에서 재정관리에 관해 강의를 한 적이 있었다. 당시만 해도 다양한 금융 상품에 대한 일반인들의 이해가 폭넓지 않은 상황이었다. 참석한 대부분의 의사들 역시 정확히 자신이 얼마를 버는지는 물론 그것을 어떻게 관리해야 하는지조차 정확한 답을 하지 못했다. 펀드니 ELS니 하는 것들은 그저 뉴스에서나 들을 수 있는 먼 나라 금융상품이었을 뿐이었다.

이들의 궁금증이 증폭되어 갈 때 식사 중 오른편에 앉았던 젊은 의사 한 사람이 재미있는 이야기를 들려주었다. 자신 역시 금융상품 중에 무엇이 좋고, 어떻게 가입하는 것인지 알지 못한다고 하였다. 소득이 생기는 대로 주거래 은행에 넣어 두는 것이 고작이라고 알려 주었다. 이것은 업무적인 얘기니 나의 흥미를 끌지는 못하였지만 다음의 이야기는 그렇지 않았다.

그는 소아과를 담당하고 있었는데 칭얼대는 많은 어린 아이들을 상대하다 보니 심적 불편함이 적지 않다고 호소하였다. 그런데 특이한 것은 자신의 병원을 찾아 어린아이를 데리고 오는 엄마들 중에는 외국인이 많다는 것을 알았다. 처음에는 주변에 산업 공장이 많으니 그러려니 하였다.

이후 좀 더 자세히 아이들의 부모를 관찰하였는데 그들의 국적 또한 다양하다는 것이었다. 더 놀라운 것은 이들 대부분이 사랑에 의해 맺어진 가족이 아니라 특정 종교를 통해 들어온 여성들이었다. 젊은 의사는 이것을 심각하게 받아들였다. 그래서 의사로서 육체를 치유하는 것 외에 그리스도인으로서 예수님을 전할 수 없었을까 고민하기 시작했다.

이 의사는 한 달에 약 800만 원을 벌었다. 지방인 것을 감안한다면 그것은 적은 금액은 아니었다. 그는 그 금액에서 5%를 떼어내 이들에게 예수님을 전하는 비용으로 사용하기로 하였다. 이 돈으로 복음을 전하는 안내장을 만들고 선물을 구입하였다.

나는 그의 사역이 얼마나 열매를 맺었는지 알 수 없다. 전도지를 나누어 주는 것 때문에 오히려 반감을 사 환자가 줄었는지 또는 그의 전도로 몇 명이나 구원을 얻었는지 알 수가 없다. 내가 아는 것은 울산이라는 한 지방에 이름도 기억하지 못하는 젊은 의사가 소득을 쪼개어 예수님을 전하는 사역을 감당하고 있다는 것뿐이다.

우리나라에는 헤아릴 수 없이 많은 수의 '누가회'라는 이름의 봉사단체가 있다. 이들의 공통된 특징은 주로 의사들로 구성되었다는 점이다. 이들의 봉사는 가난한 사람들의 육신을 치료하는 것이지만 궁극적인 목적은 예수님을 전하는 것에 있다. 이들의 모습은 그리스도인의 삶이 최종으로 목적해야 하는 것이 무엇인지 말해 준다.

사회적으로 좋은 위치에서 부를 누리고 안정된 삶에 만족하더라도 거기서 나아가지 못한다면 그것은 부자의 진면목이 아니다. 누가도 안정된 생활과 지위를 얻고 있었다. 그는 당시 로마 행정관이었던 데오빌로와 친분이 있었으며 말씀을 가르치는 관계에 있었다. 그에게는 인생을 모험할 하등의 이유가 없었다. 그는 이방인이었으며 전도 사역은 예

INTO

의사 누가의 아름다운 사역, 누가복음

누가는 의사로서 갖는 정밀함과 함께 문학적 재능으로 누가복음과 사도행전을 기록했다. 그는 수리아 안디옥 출신의 헬라인으로 높은 교양과 학식이 있던 것으로 추측된다. 누가가 누가복음에서 기록한 예수님의 비유는 23가지인데, 그중 18가지는 누가복음에만 나오는 것으로 문학적인 재능을 통해 예수님의 말씀을 더욱 풍성하게 했다. 그는 바울의 선교여행에 동행해 큰 도움을 준 동역자로서도 아름답게 기억되고 있다.

수님의 제자들을 중심으로 그리스도인들이 담당해야 할 사역이었다. 누가는 부를 누리며 사회를 관망하며 살 수 있었다.

하지만 그를 붙잡은 것은 하나님과 그분이 주신 그의 지성이었다. 하나님은 누가의 가슴에 재물과 비교할 수 없는 예수를 소유할 수 있는 신앙을 넣어 주었고 그의 지성은 그 자극에 반응하였다.

당신의 직업은 무엇인가? 그리고 그 직업은 어떤 사역을 감당할 수 있는가? 모든 직업은 사역에 충실할 수 있다. 다만 그것에 나의 신앙과 지성이 반응하느냐 하지 않느냐의 문제일 뿐이다. 누가는 성경의 저자 중 유일한 이방이었으며 예수님 사역의 연장선을 이은 사람이었다. 가지고 있는 모든 부가 집중해야 할 곳, 그곳은 바로 사역이며 영적인 부의 완결점이다.

루디아는
포목장수였다

두아디라 시에 있는 자색 옷감 장사로서 하나님을 섬기는 루디아라 하는 한 여자가 말을 듣고 있을 때 주께서 그 마음을 열어 바울의 말을 따르게 하신지라 행 16:14

루디아는 두아디라 출신의 포목 장수였다. 그가 부자라는 언급은 없지만 몇 가지 정황으로 보아 많은 재물을 소유하고 있었음을 알 수 있다. 당시 그가 판매하던 자줏빛 명주옷은 매우 값비싼 생활용품이었다. 자주 옷이란 짙은 남색에 붉은 빛이 도는 옷감으로 만든 옷을 이른다. 이 옷은 예부터 부의 상징이며 높은 지위를 나타내는 표상이었다.

약 1,000년 전 느부갓네살 왕의 1차 침공으로 다니엘은 바벨론의 포로로 잡혀간다. 그후 아들 벨사살 왕은 왕궁 벽에 쓰인 글을 해석하는 자에게 자주 옷을 입히고 금사슬을 목에 걸어 주겠다고 하였다. 다니엘이 그 문자를 해석하자 왕은 약속을 지켰고, 조서를 내려 나라의 셋째 통치자로 삼기까지 하였다.

이처럼 자주 옷은 고관들이나 입던 것으로 일반인들이 입을 수 있는 옷이 아니었다. 바로 루디아가 이런 고관들의 옷을 장사하는 사람이었던 것이다.

그녀가 부자였을 것이라는 또 다른 징표는 빌립보 지역의 정치적인 배경에 있다. 마케도냐의 수도가 데살로니가였음에도 저자 누가가 빌립보를 그 첫 성으로 꼽았던 것은 그 지역이 정치적 주요 도시로서 사람들이 많이 모이는 지역이었기 때문이다.

빌립보 전투에서 브루터스와 씨저를 무찌르고 로마 황제에 오른 아우구스는 전쟁에서 용맹을 떨친 군인들을 이곳으로 이주시켰고, 로마의 식민지로 빌립보를 승격하여 황제의 직속에 둔다.

그리고 빌립보는 바다와 육지, 양쪽 통로에 위치하고 있어 전략상 요충지였으며 항상 유동인구가 많아 농업과 상법도 발달할 수 있는 환경에 놓여 있었다. 게다가 주변 산에서는 엄청난 금이 채굴되고 있어서 이 도시는 이래저래 번성할 수밖에 없었다.

돈이 많으며 수요가 풍부한 이 도시에서 그것도 비싼 품목을 다루어 부자들을 상대했다는 것은 루디아 곧 그도 부자였을 것이라고 추측하는 것은 매우 개연성이 크다. 정치인과 고관들이 필요한 옷은 비싼 것들이었으며 그들은 금광을 배경으로 풍부한 자금력을 지니고 있었다.

아마 정치인의 특성상 더 나은 옷을 원하는 경쟁심으로 옷 가격은 더 비싸졌을 것이고 루디아는 더욱 큰 부자가 되었을 것이다.

그녀는 가지고 있는 재물만으로도 평생을 걱정 없이 살 수 있는 환경에 있었다. 경기가 불황을 맞을 일도 없었을 것이다. 최고위층만 상대하는 그의 직업은 불황을 몰랐을 것이고, 아마 값이 낮은 포목들은 취급하지조차 않았을 것 같다. 요즘으로 말하면 고위관직을 주로 상대하는 명품을 취급하는 상인이었을 것이다. 자연스럽게 그들과 개인적인 친분으로 사회적 위치도 어느 정도 확보하고 있지 않았을까? 루디아의 부는 생각할 수 있는 것보다 훨씬 더 많았을 것이라는 추측이 충분히 가능한 것이다.

하지만 그렇다고 그녀의 부가 쉽게 이루어진 것은 아니었다. 그 누구보다 열심을 통해 만들어진 것이 분명하다. 루디아는 미망인이었거나 결혼을 하지 않은, 즉 남편이 없는 여성이었을 것으로 추측된다.

사도행전 16장 15절을 영어성경NIV에서는 'When she and the members of household were baptized…'라고 해서 '그녀와 그 가족들이 세례를 받았을 때'라고 언급했는데 남편에 대한 설명은 없다. 이는 당시 한 가정의 중심이 남편이나 남자였음을 고려할 때 루디아의 상황을 짐작할 수 있게 하는데 만약 남편이 있었다면 그 존재가 절대적인 유대인의 특성상 루디아와 식속들만 언급하지 않았을 것이다.

이처럼 자신을 지켜주고 보호해 줄 남편에 대한 묘사가 없는 여성으로서 부를 이루어 왔다면 이것은 엄청난 고난이 있었음을 암시한다. 당시 사람을 계수할 때도 여성은 그 수에 들어가지 않았다. 더욱이 사회적으로 가장 유약한 자이며 그 지위를 정의할 수 없는 위치에 있는 자가 바로 남편이 없는 여자였다.

이러한 조건을 감수하고 사업을 통해 재물을 모으는 것은 말로 표현할 수 없는 고통과 역경의 연속이었을 것이다. 게다가 고향 두아디라를 떠나 다른 지역에서 사업을 하니 그 어려움은 이루 말할 수 없었을 것이다. 객지에서 경험하는 멸시와 질시로 그 재물 하나하나는 모두 피와 땀이 맺혀 있는 돈이었을 것이다.

루디아처럼 여러 악조건 속에서 재물을 모으는 것은 쉽지 않다. 타고난 재능이 필요한 것도 사실이지만 주어진 환경을 극복하고자 하는 인내하며 승리하지 못한다면 재물을 얻을 수 없는 것이다.

어느 교회에 소위 프랜차이즈를 운영하는 집사 한 명이 있었다. 맛있는 고기를 전국 체인망을 통해 유통하는 사업을 하는 사람이었는데, 늘 말쑥하게 차려 입고 교회에 나와 간혹 자신의 사업체에서 가져온 푸짐한 고기를 성도를 위해 내어놓기도 하였다. 돈을 잘 번다는 소문도 돌았는데 모든 교인이 그를 부러워하였다. 그러나 그가 어떻게 돈을 버는지 아는 사람은 없었다. 그저 일주일에 한 번 주일에 보여주는 모습과 가끔씩 인색하지 않게 내놓는 고기로 보아 그를 부자라고 생각하였을 뿐이다.

　나는 우연히 그의 사업체 근처를 지나던 중 그에게 들렀다. 그런데 마중 나온 그를 보는 순간 그 자리에 서서 꼼짝을 못하고 얼어붙고 말았다. 그의 모습은 교회에서 보았던 것과는 너무나 달랐다. 사장으로서 깨끗한 드레스셔츠에 밝은 넥타이를 맨 그를 상상했었다.

　그러나 그의 상의는 헤어지고 바래서 남루하기가 이를 데 없었으며 손가락 마디마다 작업으로 인해 더러워져 있었다. 그제야 그의 손가락이 일반인들에 비해 굵고 크다는 것을 알게 되었다.

　평소에 이렇게 작업복을 입고 일을 하느냐 물었다. 그러자 그는 직원들만 시킬 수 없어서 외근이 없는 날이면 직접 가공 작업을 한다고 하였다. 그때 알았다. 교회에서는 멋있는 성공한 자의 모습으로 나타나지만 그것을 이루기 위해 일선 현장에서는 얼마나 힘든 일을 해내고 있는지 말이다. 교회에 고기를 선뜻 내놓는 그의 마음 뒤에 그것을 이루기 위해 또 얼마나 고된 일이 있었는지 알게 되었다.

　루디아가 이와 같다. 바울의 일행을 극진히 대접하고자 했던 그 태도 뒤에는 이방인에 대한 편견과 자신을 지켜줄 수 있는 남편이 없는 여자가 감당하기에는 힘든 일들이 계속해서 있어 왔을 것이다.

　소유한 부는 아름다운 방법으로 드러나야 그것이 진정한 부가 된다. 만약 그녀가 힘들게 번 돈을 개인의 욕심을 채우고 사리사욕을 충족하는 데 사용하였다면 그리고 사업을 운영하는 그 집사가 재물을 자신의 쾌락을 만족시키는 데 사용하였다면 그 부는 아름답다 할 수 없다.

큰 부자 루디아는 빌립보에 도착한 바울 일행에 대해 각별한 관심을 보인다. 바울은 2차전도 여행 중 빌립보를 방문하였고 기도처가 필요하였다. 그리하여 하나님을 믿는 한 여인을 소개 받았고 그녀가 루디아다. 그런데 그녀의 태도가 특별해 보인다.

성경에는 바울 일행을 자신의 집에 머물기를 강권하였다 persuaded 고 말한다. 바울은 단지 기도처가 필요할 뿐이었지만 그녀의 마음을 외면할 수 없었다. 이처럼 루디아는 바울 일행을 자신의 집에 들이는 데 적극

> **INTO**
>
> ### 빈손으로 홀연히 떠난 세상
>
> 한국의 경제 전문가들이 뽑은 가장 존경하는 기업인 중 한 사람인 유일한 박사. 그는 유한양행을 설립한 이후 많은 불이익을 당하면서까지 정경유착의 유혹을 물리친 것으로 유명하다. 1968년 보복성으로 시작된 세무사찰을 받은 뒤에는 오히려 국세청이 모범 납세 업체로 선정하기까지 했다. 1936년부터 종업원 지주제를 실시했던 유 박사는 혈연관계가 없는 전문경영인에게 경영권을 넘기고 일선에서 은퇴한다. 그는 학교를 설립해 교육사업에 힘썼고, 회사 주식의 40%를 공익재단에 기증해 모든 소유 주식을 사회에 넘겼다. 1971년 유일한은 그의 나머지 모든 재산마저 공익재단에 기부한 뒤 빈손으로 홀연히 세상을 떠났다. 지금도 사람들은 그를 한국을 대표하는 참된 기업가로 기억하고 있다.

적이었고, 결국 그녀의 집에 머물게 된다. 결국 루디아의 집은 빌립보 지역 선교에서 핵심 교회로 발전하게 된다.

  성경은 '또 이르시되 너희는 온 천하에 다니며 만민에게 복음을 전파하라^{막 16:15}'고 말한다. 이 말씀대로 그녀는 역경 중에도 자신이 이룬 부를 무엇을 위해 사용하여야 할지 알고 이를 지혜롭게 실천하였다. 이처럼 그리스도인의 부는 재물의 크기도 중요하지만 무엇을 위해 사용해야 하는지 아는 것도 부를 결정하는 중요한 요소가 된다는 사실을 잊지 말아야 할 것이다.

드리는 사업

> 각각 그 마음에 정한 대로 할 것이요 인색함으로나 억지로 하지 말지니 하나님은 즐겨 내는 자를 사랑하시느니라 _고후 9:7

재정 상담을 원하는 부부에게 빠지지 않고 반드시 물어보는 것이 있다. 다름 아닌 '부부 사이가 좋으냐?'는 질문이다. 부부를 직접 상담할 때는 눈치로 알 수 있지만 두 사람 중 한 사람만 방문할 때는 직설적으로 물어 볼 수밖에 없다.

이러한 질문을 던지는 이유는 피상담 부부의 금슬에 관심이 있다기보다는 부부관계가 곧 가정 내 돈 흐름이 원만한지 알아볼 수 있는 가장 좋은 척도이기 때문이다. 부부간에 사이가 좋으면 반드시 그 가계의 재정에는 큰 문제가 없다. 이런 가정은 소득과 부채가 적고 환경에 크게 지배받지 않는다는 것이 경험에서 나온 철학이다.

반면 비록 소득이 많아 여유가 있다 하더라도 부부관계에 문제가 있다면 재정을 서로 공유하지 않는다고 봐도 무방하다. 돈은 너무나 예민해서 마음이 가지 않는 곳에는 절대 흘러가지 않기 때문이다.

가끔 자금관리의 편리를 핑계로, 주로 젊은 층에서 나타나는 현상이지만, 부부가 소득을 따로 관리하는 것을 본다. 물론 이 경우는 부부관계에 문제가 있다고 볼 수는 없지만 나는 반드시 부부의 '재정 공유'를 처방한다. 부부로서 배우자와 돈을 공유하는 것보다 더 나누어야 될 것이 무엇인가? 공유하지 않는 재정은 상대방의 존재를 무시한다는 것이고 결국 파국으로 치닫는 경우가 허다하다.

그리고 정작 그 효율성도 떨어진다. 따로 관리하는 것은 은연 중 자신의 실수나 지출에 관대해질 수 있다. 즉, 쓰지 않아도 될 지출이 일어나고 배우자가 모른다는 이유로 좀 더 위험한 것에 투자하기를 주저하지 않는다.

한 남성의 방문을 받았다. 나이가 50세에 접어든 이 남성은 당시 바(술집)를 운영 중이었다. 그 남성은 이혼을 준비 중인데 찾아온 것도 혼자 살게 될 미래에 대한 대책이 필요해서였다. 방문자의 형편 역시 배우자와 재정 공유 실패에서 비롯된 것임을 짐작할 수 있었다.

운영 중인 술집은 영업이 잘되어서 수익이 꽤 많이 났었다고 한다. 하지만 그는 그 수익을 주식 투자나 기타 필요한 곳에 사용하면서 아내와는 재정 상황에 관한 정보를 나누지 않았다고 하였다. 아내는 이 문제에 대해 수차례 요구하였지만 남성은 끝내 그것을 허락하지 않았다. 마침내 아내가 마음을 닫고 이혼을 통보한 것이다.

이처럼 재정을 공유하지 않는 것은 부부관계에 문제를 일으키고, 좋지 못한 금슬은 다시 재정 문제에서 갈등을 일으킨다.

받는 부자, 드리는 부자

이렇게 부부간의 재정 갈등이 비일비재한 현실에서 성경에는 아름다운 모습으로 비쳐지는 부부가 나온다. 바로 브리스길라와 아굴라 부부이다. 성경은 이 둘을 부부 사업가로 묘사하고 있는데, 늘 함께하며 모든 재정을 공유하고 있었던 것 같다.

당시 이들의 사업 아이템은 장막을 만드는 것이었다. 이들 부부가 이 사업으로 얼마나 큰 부자가 되었는지는 알 수 없지만, 이들이 로마에 거주하였다는 사실과 자신의 집을 교회로 내어 주었다는 것을 근거로 본다면 빈한한 살림은 아니었던 것으로 보인다.

자주 옷 장수 루디아의 경우에서 보듯 교회로 가정을 내어 줄 정도면 부부의 집이 작지는 않았을 것이다. 이 부부가 부자였든 그렇지 않았든 여기서는 재물의 크기가 관심의 대상은 아니다. 브리스길라와 아굴라가 성경에서 사랑을 받는 것은 하나님의 사역을 감당하고 주의 종인 바울에 대한 각별한 사랑을 실천하였다는 점에 있다.

부부는 로마에 살면서 장막 만드는 사업을 하고 있었다. 당시 로마는 군인과 사람이 넘쳐 장막이 필요하였을 것이다. 그러던 중 로마에서 유대인의 폭동이 일어나자 황제 글라우디오는 유대인들을 로마에서 쫓아내고 만다. 이에 브리스길라와 아굴라 부부 역시 고린도로 오게 된 것이다.

고린도 지역은 해안 요충 도시였다. 좌우로 고린도 만과 샤론 만을 끼고 있어 해상무역이 발달해 항상 상인들이 몰려드는 부유한 곳이다. 이곳에서 이 부부는 장막을 만들어 팔려는 계획을 세운 것이다.

사실 고린도는 이 부부에게 사업을 확장하는 지역 이상의 의미가 있었다. 고린도인 Corinthian 은 난봉꾼, 성적으로 문란한 자란 뜻으로 현대 영어에도 그 흔적이 남아 있듯이 이곳은 악과 부도덕, 매춘이 판을 치던 영적으로 매우 열악한 곳이었다. 이러한 환경에서 고린도는 부부에게 바울의 전도를 돕는 사역지이기도 하였던 것이다.

이들 부부는 이후 바울보다 먼저 로마로 돌아와 있다가 바울이 복귀하자 가장 먼저 문안을 받기도 했다. 이 둘의 헌신은 단순히 가정을 내어 주는 것에서 그치지 않고, 생명을 무릅쓰며 바울을 구출하기까지 하였다.

이처럼 장막 만드는 사업을 하던 브리스가와 아굴라 부부는 바울이 가는 곳에서 늘 쉴만한 장소를 제공하고 필요한 재물로 섬겼다. 이 둘은 참 매력적인 삶을 살았던 것 같다. 남들처럼 많은 재물을 모은 것은 아니지만 가장 가치 있는 것에 헌신하는 삶으로 그것이 곧 하나님의 뜻과 맞닿아 있었기 때문이다.

흔히 하나님에게서 받는 은혜에 대해서는 강조하지만 하나님께 드리는 사역은 은혜로 생각하지 않는다. 하지만 받는 것이 부를 이루듯이 드리는 것 역시 부를 만드는 방법이다. 아브라함은 이삭을 하나님께 드렸고, 예수님 역시 부자의 조건으로 오히려 재물을 타인에게 줄 것을 권면하고 있지 않는가?

그러나 받는 부자, 모으는 부자는 많으나 드리는 부자는 많지 않은 것 같다. 이것의 차이를 이해하지 못하기 때문이다. 세상의 이치로 본다면 드리는 부자는 모순처럼 보인다. 부자의 특성은 모으는 것에 있지 주는 것에 있지 않다. 전자는 자신이 중심이 되는 부자이다. 내가 가져야 하고 내 주머니에 넣어 두어야 하는 부자가 바로 모으는 부자이기 때문이다. 반면 하나님이 중심이 되는 부자는 드리는 부자이다. 전도를 위해 시간을 드려야 하고 가난한 사람을 위해 재물을 내어 놓아야 한다.

그리스도인의 본보기가 되는 부자는 바로 드리는 부자에 있다. 드리면 채워진다. 재물에 늘 목마른 것은 하나님이 주시지 않는 것이 아니라 받을 바구니에 나의 욕심이 가득 차 있기 때문이다. 하나님께 먼저 바구니에 든 것을 내어 드릴 때 비로소 복은 찬다.

▎배우 청룽의 비어 버린 창고

배우 청룽은 영화 한 편 당 1,500만 달러의 출연료를 받는다. 「취권」, 「캐논볼」, 「턱시도」, 「폴리스 스토리」, 「러시아워」, 「80일간의 세계일주」

등 그가 출연하는 영화는 모두 흥행에 성공하였다. 그는 화면에서 보이는 모든 액션을 대역 없이 직접 하는 것으로 유명하다. 덕분에 열 손가락이 다 부러졌고, 코뼈, 갈비뼈 심지어 허리뼈까지 몸 밖으로 드러난 적도 있었다. 그래서 그는 보험을 들 수 없다. 보험사에서 가입을 거절하기 때문이다.

그가 유명한 것은 출연료가 많아서 또는 그의 대역 없는 연기 때문이기도 하지만 사실 그를 빛나게 하는 것은 알게 모르게 실천해 온 기부에 있다.

청룡은 '필사적으로 돈을 벌고 필사적으로 기부한다'고 고백한다.

INTO

부부의 인생 재무관리

재테크는 수익성 증대를 추구하지만, 인생 재무설계는 위험관리와 결혼 자금, 주택 마련, 자녀교육, 노후대비 등의 인생재무목표 달성을 동시에 추구해야 한다. 따라서 인생 재무관리를 잘 하기 위해서는 우선 재무 목표를 수립하고 우선순위를 정해 두어야 한다. 두번째로 가계부를 작성해 줄일 수 있는 지출항목을 찾아 비용을 절감한다. 또 금융자산, 실물자산, 모든 부채, 소득과 지출 사항 등 모든 재정을 부부가 공유할 필요가 있다. 인생 재무관리는 부부 공동의 과제인 것이다. 가족의 사망이나 질병, 재해 등 위험에 대비한 보험에 적절히 가입한다. 기쁨보다 슬픔을 먼저 대비하는 것이 인생 재무관리의 기본이다.

- 「매일신문」 2006년 5월 8일자 기사 중에서

10년 전에는 자신 재산의 반을 기부하기도 하였으며 쓰촨 성 지진이나 서해안 기름 유출 사건 등 도움이 필요한 사람들이 생기면 서슴없이 도움을 주었다. 이렇게 그는 보이지 않는 기부를 계속했다.

그는 대단한 사람이 아니었다. 한때는 닥치는 대로 물건을 사들이는 사람이었다. 사들인 시계, 자동차 등이 대형 창고 6곳에 가득했다. 모으면 더 모으고 싶어 창고가 새로 필요할 정도였지만 욕심은 점점 더 커져 갔다. 그러다 기부를 알고 나면서부터 그 모든 창고의 물건들이 처치 곤란한 짐이 되어 버리고 만 것이다.

결국, 청룽은 약 4,000억 원에 이르는 전 재산을 기부하겠다고 공헌하는 데까지 이른다. 그리고 그는 지금도 기부하기 위해 일을 한다. 악착같이 벌어서 자신과 가족이 쓸 돈을 조금 남기고는 또 악착같이 기부한다. 그는 나눔이 가져다주는 평온에 중독되어 있기 때문이다.

오직 재물을 모으는 것에 즐거움이 있는 것이 아니다. 남을 위해 사용하는 것이 더 큰 기쁨을 준다. 참된 부자는 더 이상 재산이 늘어나는 것에 흥미를 느끼지 못한다. 그 이상의 즐거움, 평온함, 나로 인해 행복해지는 다른 사람들의 모습에서 즐거움을 만끽할 수 있는 사람, 그가 부자이다. 브리스길라와 아굴라 역시 그 즐거움을 누리는 부부였다. 재물로 전도를 돕고 하나님의 이름을 높이는 데 사용되는 자신의 재물로 인해 기쁨을 즐길 줄 아는 부부였던 것이다.

사역으로 부름 이룬, 입다

> 이에 입다가 길르앗 장로들과 함께 가니 백성이 그를 자기들의 머리와 장관을 삼은지라 입다가 미스바에서 자기의 말을 다 여호와 앞에 아뢰니라 _삿 11:11_

입다는 큰 용사로서 하나님의 부르심에 반응하며 자신의 태생적 한계를 뛰어넘어 복을 받은 자이다. 그의 아버지 길르앗은 부자였지만 정작 그는 기생에게서 난 서자다. 아버지 길르앗에게는 여러 아내들이 있어서 그 사이에서 난 아들들도 많았지만 그는 여러 아들 중 한 명으로도 대우를 받지 못했다. 어머니가 기생이었기 때문이다.

그는 자라면서 같은 아버지를 둔 아들임에도 불구하고 자신이 다른 아들들과 같지 않음을 느꼈다. 그들과 어울릴 수 없었으며 어머니는 늘 위축되어 있었다. 게다가 아버지 얼굴을 볼 수 있는 날도 드물었다. 아버지는 항상 첩이 아닌 아내의 아들들과 시간을 보내었다.

시간이 지나 그 아들들이 장성하자 그들은 아버지 재산의 상속 분깃을 늘리기 위해 입다를 내쫓아 버렸다. 이유는 다른 여인의 자식이라는 것이었다 삿 11:2.

당시 한 지역 공동체에서 추방을 받는다는 것은 가장 가혹한 형벌 중 하나였다. 종족 사회에서 추방을 당하면 상속권은 물론이거니와 의식주와 기본 생존권조차 보장받을 수 없다. 아브라함은 이삭의 상속권을 지키기 위해 이스마엘과 그를 낳은 종 하갈을 내쫓지 않았던가?

그는 아버지 재산을 향유할 기회조차 얻지 못한 채 쫓겨나 이복형제들을 피해 돕 땅으로 갔다. 그곳에서 그는 부랑배들의 두목이 되었고 더 이상 자신 인생의 미래를 예측할 수 없게 되었다. 상속권은 박탈당하였고 도망을 다녀야 하는 처지는 무엇을 기대할 수 있는 환경이 아님을 스스로 알게 되었다. 고작 그가 할 수 있었던 것은 부랑배의 두목이 전부였다.

이스라엘 역시 입다가 사사로서 활동을 하기 전 암울한 시기에 있었다. 미디안의 7년 압박 이후 기드온 통치하에서 40년 평화가 있었으나 패역한 왕 아비멜렉의 통치 3년과 돌라와 야일의 치리기간 23년을 암흑기로 지내온 것이다.

이스라엘은 그럼에도 불구하고 죄악된 길에서 돌이키지 않았다. 오히려 수리아와 시돈, 모압, 암몬 그리고 블레셋의 신들을 섬겼다. 하나님은 이러한 이스라엘의 악행에 18년 동안 암몬 족속의 압제하에 고통

받게 하셨다.

드디어 암몬은 이스라엘을 공격하고자 하였다. 이에 놀란 길르앗 장로들은 이스라엘에서는 믿을만한 장수가 없었기에 입다를 찾아 장관을 맡아줄 것을 요청한다. 이방신에 빠져 사는 그들에게 하나님과 더불어 싸울 수 있는 믿을 만한 장수는 이미 사라지고 없었다.

장로들은 회의 끝에 그를 생각해낸 것이다. 그는 기골이 장대하고 싸움에 능한 장수였는데, 무리배의 우두머리가 된 것은 그리고 이복형제들이 서둘러 입다를 내쫓은 것도 그가 무시할 수 없을 정도로 힘이 세고 강인하였기 때문이었다.

장로들은 그를 찾아 장관이 되어 전쟁을 이끌어 줄 것을 요청하면서 승리하면 그를 모든 길르앗 백성의 머리로 삼을 것임을 약속하였다.

이때 입다는 전쟁이 하나님께 속한 것임을 잘 알고 있었기에 자신이 제의 받은 내용을 하나님 앞에 고하였다. 비록 이방에 살고 있지만 신앙만큼은 하나님을 향하고 있었던 것이다.

▎부자가 되는 방법, 두 가지

부를 이루는 길에는 두 가지가 있다. 하나는 아버지의 재산을 이어받는 것이고, 다른 하나는 스스로 그것을 이루는 것이다. 성경적 관점에서 보면 부를 이어 받는 것이 그릇된 것은 아니다. 유대인에게 아버지의 권한은 자녀의 결혼을 책임지는 것 외에 자신의 기업을 자녀에게 넘겨주는 것도 포함하고 있다. 아브라함은 아들 이삭에게 기업을 넘겨주었고, 다윗은 솔로몬에게 왕위를 물려주지 않았던가?

세상의 많은 부자들은 자녀에게 자신이 이룬 것들을 넘겨주기를 희망한다. 때로 비정상적인 방법을 동원하는 행동에는 문제가 있겠지만 기업을 잇는 것은 성경을 벗어난 것이 아니다.

실제 현대의 부자들에게도 가장 중요한 문제는 재산을 늘리는 것보다 그것을 넘겨줄 자녀에게 더 큰 관심을 두는 것이 사실이다.

반면 스스로 노력하여 이루는 부가 있다. 이것은 어렵고 힘든 과정을 거쳐야 하지만 하나님의 역사를 경험하는 은혜를 누리기도 한다. 자유로운 경쟁 사회인 미국의 경우 부자들 중 1/10이 부모의 재산을 이어받은 부자인 반면 한국은 1/10만 스스로 부를 이룬 사람이라고 한다.

입다는 사역으로 부를 이루었다

입다는 스스로 부를 이룬 대표적인 인물이다. 공동체에서 축출된 그는 부를 이룰 만한 어떤 조건도 없었지만 하나님은 그에게 스스로 일어설 수 있는 환경을 주었다. 그것이 바로 하나님의 사역을 감당하게 하는 것이었다. 그 사역 안에는 18년간이나 고통을 당한 이스라엘을 구원하시고자 하는 하나님의 계획이 있었다. 입다는 하나님의 의도를 따라 지팡이처럼 사용되었다. 보잘것없는 서자의 신분으로 부랑배들과 어울리는 형편없는 인물이었지만 하나님은 그에게 회복할 수 있는 기회를 주셨다.

흔히 부자가 되면 하나님의 사역에 관심을 보이기 시작한다. 자신의 주머니가 먼저 차야 하나님의 것을 돌아볼 여유가 생기는 것이다. 원하는 만큼 가져야 교회를 짓고 선교를 하며 주위의 이웃을 살피는 것이 일반적이다.

하지만 그 부를 이루게 하신 분은 하나님이라는 사실을 분명하게 기억해야 한다. 재물이 실패하는 이유는 스스로 그것을 이루었다 생각하며 자기만족의 목적으로 모든 재물을 사용해 소멸시키기 때문이다.

입다는 반대로 부를 이룬 사람이다. 오직 하나님의 계획 속에서 이스라엘을 위해 일함으로 길르앗 거민의 우두머리가 되었다. 이처럼 사역은 단순한 문화생활이 아니라 하나님의 방법으로 부를 이루는 또 다른

> **INTO**
> **직장에서 일하는 기독교인의 4가지**
>
> 1. 생존을 위해 살아가는 기독교인: 믿음과 직장생활을 분리한다.
> 2. 기독교의 원리를 따르는 기독교인: 올바른 일을 원하는 도덕적인 사람만으로는 직장에서 하나님의 능력을 경험할 수 없다.
> 3. 성령의 능력으로 사는 그리스도인: 매사에 그분의 뜻에 순종하며 하나님의 능력을 일터에서 경험하는 기독교인
> 4. 일터를 변화시키는 기독교인: 성령의 능력으로 일터와 사회를 변화시키는 역사를 이룬다.
>
> – 오스 힐먼의 『일터사역』 중에서

형식이다.

> 내가 무슨 말을 더 하리요 기드온, 바락, 삼손, 입다, 다윗 및 사무엘과 선지자들의 일을 말하려면 내게 시간이 부족하리로다
> _히 11:32

이것이 바로 성경이 기록한 입다의 사역으로, 후손들은 그를 믿음의 조상으로 기억했다.

더 보기

인생의 건강 지수

하버드대생 268명의 72년간 인생을 추적한 결과 행복한 노후의 열쇠는 인간관계였다.

그는 하버드대의 수재였다. 아버지는 부유한 의사, 어머니는 예술에 조예가 깊었다. 정서적으로 안정돼 있었고, 판단력이 뛰어났다. 이상도 높았고 건강했다. 그러나 31세에 부모와 세상에 적대감을 드러내기 시작했다. 돌연 잠적하더니 마약을 한다는 소문이 돌았다. 어느날 갑자기 사망했다. 전쟁 영웅이었고 평화운동가였다는 부음 기사가 나갔다(141번 사례).

활발하던 한 학생은 결혼 후 세 아이를 낳고 이혼했다. 삶에 더 남은 것이 없다며 술에 빠져 살다가 64세에 계단에서 떨어져 죽었다(47번 사례).

1937년 미국 하버드대 남학생 268명이 인생사례 연구를 위해 선발됐다. 세계 최고의 대학에 입학한 수재 중에서도 가장 똑똑하고 야심만만하고 환경에 적응을 잘하는 이들이었다. 후에 제35대 미국 대통령이 된 존 F 케네디, 워싱턴포스트 편집인으로서 닉슨의 워터게이트사건 보도를 총괄 지휘했던 벤 브래들리(현재 부사장)도 끼어 있었다.

당시 2학년생으로 전도 유망했던 하버드생들의 일생을 72년에 걸쳐 추적한 결과가 시사월간지 「애틀랜틱 먼슬리」 6월호에 공개됐다. 1967년부터 이 연구를 주도해온 하버드 의대 정신과의 조지 베일런트 교수는 "삶에서 가장 중요한 것은 인간관계이며, 행복은 결국 사랑"이라고 결론지었다.

연구 결과 47세 무렵까지 형성돼 있는 인간관계가 이후 생애를 결정하는 데 가장 중요한 변수였다. 평범해 보이는 사람이 가장 안정적인 성공을 이뤘다. 연구 대상자의 약 3분의 1은 한때 정신 질환도 겪었다. 하버드 엘리트라는 껍데기 아래엔 고통받는 심장이 있었다'고 잡지는 표현했다. 행복하게 늙어가는 데 필요한 요소는 7가지로 추려졌다. 고통에 적응하는 '성숙한 자세'가 첫째였고, 교육·안정적 결혼·금연·금주·운동·적당한 체중이 필요했다.

연구는 '잘 사는 삶에 일정한 공식이 있을까'라는 기본적인 의문에서 출발했다. 연구진에는 하버드대 생리학·약학·인류학·심리학 분야의 최고 두뇌들이 동원됐다. 이들은 정기적인 인터뷰와 설문을 통해 대상자의 신체적·정신적 건강을 체크했다.

268명 대상자 중 절반 정도는 이미 세상을 떠났다. 남은 이들도 80대, 90대에 이르렀다. 지난 42년간 이 연구를 진행해온 조지 베일런트 교수는 대상자들의 행적이 담긴 파일을 소개하며 '기쁨과 비탄은 섬세하게 직조(織造) 돼 있다'는 윌리엄 블레이크의 시구를 인용했다.

최고 엘리트답게 그들의 출발은 상쾌했다. 연방상원의원에 도전한 사람이 4명이었고 대통령도 나왔다. 유명한 소설가도 있었다. 그러나 연구 시작 후 10년이 지난 1948년 즈음부터 20명이 심각한 정신 질환을 호소했다. 50세 무렵엔 약 3분의 1이 한때 정신 질환을 앓았다.

행복하게 나이가 들어가는데 필요한 '행복 요소' 7가지 중, 50세에 5~6개를 갖춘 106명 중 절반이 80세에 '행복하고 건강하게' 살고 있었다. '불행하고 아픈' 이들은 7.5%에 그쳤다. 반면 50세에 3개 이하를 갖춘 이들 중 80세에 행복하고 건강하게 사는 사람은 아무도 없었다. 3개 이하의 요소를 갖춘 사람은 그 이상을 갖춘 사람보다 80세 이전에 사망할 확률이 3배 높았다.

성공적인 노후로 이끄는 열쇠는 지성이나 계급이 아니라 사회적 적성, 즉 인간관계였다. 형제·자매 관계도 중요하다. 65세에 잘 살고 있는 사람의 93%가 이전에 형제·자매와 원만하게 지낸 사람들이었다.

Chapter 7

부자는 나눔이 주는 능력을 안다

- 백부장처럼 하라
- 부자 청년의 딜레마 벗어나기
- 삭개오의 재물

백부장처럼 하라

> 그가 경건하여 온 집안과 더불어 하나님을 경외하며 백성을 많이 구제하고 하나님께 항상 기도하더니 _행 10:2_

성경에는 이방인으로서 구원을 받은 고넬료에 대한 이야기가 나온다. 그는 가이사랴에 주둔했던 로마의 군대 장교인 백부장이었다. 백부장은 요즘으로 치면 중대장 정도의 위치라고 할 수 있는데, 그 수하에 약 100명의 군사를 거느렸던 계급이다.

당시 로마군의 편제는 100명을 한 단위로 하는 '센추리 Century의 지휘관'인 백부장이 있었고, 다시 열 개의 센추리가 모인 부대의 지휘관인 천부장, 즉 '코호르트 Cohort', 그리고 6개의 코호르트를 한 단위로 해 '레기온 Legion'을 이루었다.

이처럼 백부장은 로마 군대의 가장 작은 단위의 지휘관으로서 군대의 핵심 전력으로 평가 받았다. 이들은 전쟁 시 최전방에서 전투를 지휘하는 지휘관으로서, 항상 훈련을 통해 가장 최정상의 사기를 유지해야 하는 역할을 맡고 있었다.

고넬료는 이러한 로마군의 장교로서 기백을 지니고 있었을 것이고, 이것은 군대가 요구하고 군인으로서 의무이기도 하였다. 당시 로마는 이러한 막강한 힘을 통해 이스라엘은 물론 주위의 국가들에게 지배자로서 위치를 유지했다. 고넬료는 바로 그런 로마 군사력을 집행하는 최일선에 있던 사람이었다.

그러나 본문은 이런 군인으로서 모습 대신 온 집안이 하나님을 경외하며, 백성을 많이 구제하는 경건한 사람으로 고넬료를 표현한다. 얼핏 이스라엘 민족을 통치하고 감독하는 그의 역할을 생각한다면 쉽게 이해할 수 없는 일이다.

그렇다면 백부장 고넬료가 왜 억압하고 다스려야 할 대상을 도와주고 구제한 것은 무슨 이유였을까? 추측컨대 백부장의 위치가 이것을 설명할 수 있을 것이다. 백부장은 최일선에서 민간인과 접촉을 한다. 그 과정에서 이스라엘 민족의 실제 삶을 보았을 것이고, 자연스럽게 이스라엘을 이해하며 연민의 감정을 느끼지 않았을까? 이것이 그가 백성을 구제한 이유였을 것이다.

또한 예수님이 계신 곳이면 어김없이 군중이 있었기에 이를 감시하기 위한 군대가 있을 수밖에 없었을 것이다. 이러한 과정을 통해 예수님을 알고, 그분의 말씀을 들음으로 믿음이 생기지 않았을까?

이를 증명하는 또 다른 백부장이 있다. 바울이 로마로 압송될 당시 풍랑을 만나 바울을 비롯한 죄수를 실은 배가 좌초 위기에 처하자 군인들은 죄수가 헤엄쳐서 도망갈 것을 염려해 모두 죽이기로 하였다. 이때 백부장은 바울을 구하기 위하여 수하의 군인을 시켜 서둘러 육지에 배를 정박하고자 하였다. 이처럼 백부장이 천부장보다 유대인들에게 우호적이었던 것은 다름 아닌 현장에서 맺은 관계로 인한 것이라 할 수 있다.

백부장의 행동에 감추인 부의 진리

누가복음에는 또 한 사람의 백부장이 등장한다. 예수님이 가버나움에 들어가시자 몇 명의 유대인 장교들이 한 종을 구원해 줄 것을 요청한다. 그 종은 장로들이나 다른 유대인이 부리던 사람이 아니라 로마의 군대장교인 백부장의 종이었는데도, 장로들은 자신의 종을 살려달라는 백부장의 탄원을 들어주는 것이 당연하다고 하였다.

장로들은 그 백부장을 예수님에게 유대인인 '우리 민족을 사랑하고 또한 우리를 위하여 회당을 지었나이다 눅 7:5' 라고 소개한다. 이것은 매우 특이한 장면이다. 백부장은 지배 계급이며 유대인은 피지배 계급이다. 마치 자신을 잡아먹을 호랑이를 위해 토끼가 간구하고 있는 모습과 같다. 어떻게 이런 장면이 연출될 수 있었을까? 바로 이방인 백부장의 아름다운 모습이 유대인과 예수님께 감동을 주었기 때문이었다.

이 백부장은 유대 민족을 사랑하고 그들을 위하여 회당을 지어 주었다. 가장 작은 단위의 군대 지휘관인 백부장의 월급은 아마도 많지 않았을 것이다. 그 월급을 쪼개어 회당을 지었던 것이다. 이스라엘 민족에게 회당은 유대인이 예배를 드리고 율법을 가르치는 곳이다. 뿐만 아니라 유대법을 어긴 사람들에게 형벌을 내리는 사법적 기능을 포함하며 공동체의 구심점 역할을 하는 공간이다. 특히 예수님 사후 유대의 고향 땅을 떠나 흩어져 살던 디아스포라들이 각 지역에서 신앙과 삶의 중심으로 삼았던 곳이 바로 회당이었다.

이처럼 성경에 나오는 백부장에게는 두 가지의 공통점이 있다. 하나는 이방인임에도 불구하고 예수님을 알고 있었다는 것이다. 바쁜 일과 중 시간을 쪼개어 기도를 드리고 예수님의 말씀을 사모하며 살고자 하는 노력이 있었다. 백부장의 신앙적 태도는 피상적이지 않았다. 그들은 예수님에 대해 정확하게 알고 있었다. 가장 바쁜 시간에 기도를 드렸으며, 자신의 집에 예수님이 오시는 수고를 감당하지 못한다고 고백할 정도로 신앙은 깊었다. 이것이 예수님에게서 사랑을 받는 이유이다.

다른 하나는 그들의 섬김이다. 이들은 자신의 소득을 나누어 피지배 민족을 돕고, 그들에게 가장 필요한 회당을 짓는 데 사용하였다. 이 같은 섬김은 단순히 일회적 태도가 아니라 지속적인 것이었다. 또한 많은 사람들을 도왔다는 것은 생활에서 섬김이 있어 왔음을 증명한다.

백부장이 예수님의 인정을 받고 유대인의 사랑을 받은 것은 다른 이방인에게서는 찾아 볼 수 없었던 신앙으로 이스라엘 민족을 사랑하고 구제했던 섬김이 있었기에 가능한 일이었다.

이처럼 백부장의 행동에는 엄청난 부의 진리가 숨어있다.

일반적으로 부를 이루는 방법은 모으는 것에 있다. 즉, 적게 쓰고 모으는 것만 재산을 늘리는 지름길이라는 것이다. 그러나 성경은 '흩어 구제하여도 더욱 부하게 되는 일이 있나니 과도히 아껴도 가난하게 될 뿐이니라^{잠 11:24}'고 말한다. 백부장은 이 말씀에 합당하게 자신의 재물을 사용하였다. 이러한 섬김을 통해 더욱 깊은 신앙적 경지에 이를 수 있었던 것이다.

▎큰 열매를 맺는 꾸준한 작은 섬김

부자가 되는 것과 섬기고 나누는 것은 다른 축에서 이루어지는 것이 아니다. 이것은 성경에 의하면 한 축에서 같이 행해져야 하는 부의 방정식이다. 나눔과 섬김이 바로 예수님이 말씀하신 참된 부자가 되는 방법인 것이다.

성경에 나오는 백부장들의 나머지 삶은 알 수가 없다. 그러나 분명한 것은 그들이 더욱 큰 부자가 되었을 것이라는 사실이다. 그들의 선한 마음과 섬김은 물질 뿐만이 아니라 영적인 충만함까지도 더해주었을 것이기 때문이다.

가계의 재정에도 이러한 나눔의 가치를 표현해야 한다. 상담을 진행할 때 가장 먼저 요구하는 것은 그 가계의 재정 내역이다. 소득은 얼마이고, 근로소득인지 사업소득인지를 구분하며, 지출 내역이 생활비인지 저축성인지 아니면 이자 비용인지를 볼 수 있어야 현재 그 가정의 재정 상태를 정확하게 파악할 수 있다.

재미있는 것은 이 재정 상태표만 보아도 돈을 알뜰하게 쓰는지 아니면 흐지부지 쓰는 가정인지를 분별할 수 있다는 사실이다. 또 이를 통해 어디에 가정의 가치 중심의 무게를 두고 있는지 파악하는 것도 어렵지

INTO

유재석의 서번트 리더십

'MC유'라는 애칭으로 방송국을 종횡무진하며 수년 동안 최고의 주가를 올리고 있는 유재석. 잘 생기지 않았지만 거부감 없는 친근한 외모와 재치 있는 입담으로 모든 사람을 즐겁게 하고 있다. 하지만 수많은 연예인들이 그를 따르고 같이 출연하고 싶어 하는 이유는 단순히 그가 맡고 있는 프로그램 시청률이 좋아서만은 아닐 것이다. 한 조사에서 우리 사장님으로 가장 좋을 것 같은 연예인 1위로 유재석이 뽑혔다. 도대체 유재석의 장점이 무엇이길래 이렇게 모든 사람이 그를 인정하는 이유는 무엇일까?

많은 사람들이 그를 부드러운 리더십의 소유자로 말하고 있는데, 강압적이지 않고 남을 살리면서 자신도 같이 사는, 원원하는 자세의 MC유의 리더십은 전형적인 서번트 리더십 servant leadership 이다. 서번트 리더십이란 봉사하는 리더십을 말한다. 한마디로 자신을 낮추고 상대를 높이는 것이다. 보통의 사람들 위에서 군림하는 리더십이 아닌 동기를 부여하고 성공을 지원하는 방식을 뜻한다.

않다. 돈이 집중되는 항목을 중요하게 여긴다는 말과 같기 때문이다.

그런데 특이한 것은 크리스천 가정인데도 십일조나 정기적인 이웃 섬김을 위한 나눔을 실천하는 가정이 드물다는 것이다.

한 가정의 재정 상태표를 받아 보았다. 소득이 그리 많지 않지만 알뜰하게 사는 부부인 것을 단박 알 수 있었다. 그런데 어느 가정에서도 발견하지 못한 특이한 제목의 지출이 눈에 들어 왔는데 '정기 지출'이라는 항목이었다. 나는 이것이 무엇이냐고 물었는데, 바로 가난한 나라의 어린이를 선택해 지속적으로 도와주는 프로그램에 참여하는 비용이라고 하였다. 그 가족은 이미 수년째 정기 지출 항목으로 섬김을 실천하고 있었다.

금액은 크지 않지만 도와줄 아이를 지정해 섬기는 보람도 크고 무엇보다 자녀들이 스스로 용돈을 모아 실천하기 때문에 교육적 효과도 크다고 하였다.

간혹 큰 부자만 나누고 섬기는 일에 충실해야 할 것을 강요받는다. 하지만 적은 돈이라도 생활에서 규칙적으로 실천한다면 그 영향력은 결코 부자의 그것과 다르지 않다.

백부장 역시 큰 부자는 아니었다. 마음껏 회당을 짓고 주위 사람을 도울만한 여유가 있는 사람들이 아니었다. 하지만 성경에서 이들이 조명 받는 것은 부족하지만 지속적으로 마음을 다해 이웃을 섬기려는 태도를 지닌 참된 부자였기 때문일 것이다.

부자 청년의
딜레마 벗어나기

그 청년이 재물이 많으므로 이 말씀을 듣고 근심하며 가니라

_마 19:22

성경에서 재물에 관해 언급하는 이야기 중에 특이한 인물이 하나 있는데 바로 부자 청년이라고 불리는 사람이다. 그는 우선 재물을 어떻게 모았는지는 모르지만 돈이 많은 사람이었다. 그러면서도 예수님께 직접 나아가 자신이 '무엇을 하여야 영생을 얻으리이까_막 10:17'라고 물을 정도로 궁금증을 참지 못하는 사람이었다. 답을 얻기 위해 자신의 위치나 지위를 망각할 정도로 갈급함이 있었던 것이다.

그리고 그 부자 청년은 바른 생활 사나이였다. 간음과 살인, 도둑질, 거짓증언을 하지 말며, 부모를 공경하라는 계명을 어려서부터 모두 지켰다고 자신있게 말할 정도로_눅 18:19~20 영생을 얻기 위해 예수님이 던진

모든 조건을 만족하는 사람이었다.

또한 그는 관원이다. 마태는 이 사람을 '청년'으로, 마가는 단지 '한 사람'으로 표현하고 있지만 누가는 '관원'으로 그의 신분을 분명히 밝힌다. 그가 유대인의 회당을 관리하는 사람인지 아니면 로마 정부의 관리인지 알 수는 없지만 사회적 지위와 안정적 직업이 있었던 것은 틀림없어 보인다.

그 부자의 관심사는 영생에 있었다. 그는 세상에서 필요한 대부분을 소유하고 있으면서 종국으로 두어야 할 것에 관심을 두는데 그것은 바로 영생이었다. 그는 존경하는 마음으로 '선생님'이라고 여긴 예수님이 영생에 대한 자신의 궁금증과 욕심을 채워줄 것으로 여겼다.

성경은 그 부자 청년이 어려서부터 모든 계명을 지킬 정도로 올바른 교육을 받았음을 알려주는데, 이를 통해 그의 부모가 지적 수준이 높고 부유했을 것이라는 추측도 충분히 가능하다. 이뿐만 아니다. 예수님을 대하는 태도나 그의 바른 생활을 볼 때 유순한 성격의 청년이었을 가능성도 높다고 할 수 있다.

그러나 그는 돈을 사랑하는 사람이었다. 성경은 예수님이 그에게 모든 재물을 포기하고 좇으라는 말에 슬픈 기색을 띠고 근심하며 갔다(막 10:22)고 말한다. 부자 청년의 궁금증과 고민거리를 쑥 들어가게 만든 것이 바로 돈 문제였다. 돈이야말로 그가 그 무엇과도 바꿀 수 없는 가치의 중심이었던 것이다.

예수님이 만난 부자 청년은 세상적인 기준으로 본다면 매우 매력적인 사람이라 하겠다. 젊고 부자이며 좋은 직업에 영적인 갈급함에 대해 지적 호기심까지 갖춘 진보적인 사람이라고 평가할 수 있다. 성격은 부드러우며 대대로 부유한 집안에 어려움을 모르는 사람이었을 것이다. 그러나 그에 대한 평가는 여기까지이다. 여러 좋은 모습에도 불구하고 성경에서는 천국에 가지 못할 사람, 예수님의 주위를 맴도는 사람 그리고 실패한 사람으로 분류되는 안타까운 인물이다.

이러한 부자 청년과 같은 이들은 현대에도 얼마든지 존재한다. 우리 주변에 엄연히 존재하는 모습으로 그 특징 또한 유사하다.

한 쌍의 신혼부부가 상담을 의뢰해 왔다. 젊은 부부는 모두 안정된 직장에 근무하는 관계로 당장은 조금 힘들더라도 장기적으로는 자산 형성에 탄력이 붙을 것으로 예상할 수 있었다. 그런데 부부의 재정 목표 중에는 부담스러운 것을 포함하고 있었는데 그것은 3년 안에 강남에 아파트를 산다는 계획이었다.

당시 7억이나 하는 그 금액을 3년 안에 준비한다는 것은 부부의 형편으로는 도저히 불가능한 목표였다. 왜 꼭 강남에 그 비싼 아파트를 사야 할까? 그 이유는 부모가 자녀들이 강남에 사는 것을 강력히 희망하고 있기 때문이라고 하였다. 부족한 자금은 부모가 도와 줄 것이라는 설명을 덧붙였다.

이들은 부자 청년이었다. 좀 더 정확히 말하면 부자 부모를 둔 청년들이었다. 나는 그들을 돌려보내고 부러움 반 시샘 반으로 이런 생각을 하였다. 부모의 능력을 사용하는 데 벌써 익숙한 저들이 경제활동을 잘 할 수 있을까? 본격적인 경제활동을 시작하기도 전에 이미 재물의 위력을 맛본 저들이 재물 이외의 가치를 발견할 수 있을까?

마치 오래 전부터 부자였던 성경 속 부자 청년이 그 재물의 쾌락을 포기하지 못하여 예수님의 진리를 쟁취하지 못하였던 것처럼 나를 찾아온 부부가 혹시 재물의 능력에 심취하여 평생 예수님을 모르고 살지는 않을까?

이와 비슷한 부자 청년들을 가끔씩 보게 된다. 결혼을 앞둔 한 청년은 나와 상담하는 내내 결혼과 더불어 부모에게서 받게 될 재산으로 흥분했던 것으로 기억한다.

이처럼 많은 부자 청년들은 상속이나 증여가 예정되어 있는 부자 부모를 둔 자녀로서 재물의 위력을 충분히 만끽하는 사람들이다. 이들에게 가장 중요한 것은 누가 뭐라 해도 재산이라는 것을 부인할 수 없다.

내가 만난 이들에게 예수님이 성경 속 부자 청년에게 던졌던 질문을 동일하게 던진다면 예외없이 같은 답을 얻게 되지 않을까?

바로 '예수님 그건 좀 곤란한데요…' 하는 이런 대답 말이다.

예수를 만났던 부자 청년은 인생의 궁극적인 가치를 소유해야 한다는 이해는 올바르게 하였다. 그러나 보이는 것 때문에 더 중요한 보이지 않는 것을 움켜잡지 못한 사람이었다. 땅의 재물은 보았으나 하늘의 보화는 볼 수 없었던 사람인 것이다. 결국 물질보다 영생의 소중함을 깨달았지만 재물이 아까워 나눠주지 못하고 예수님을 좇지 못하는 패착에 이르고 만 것이다.

그렇다면 우리는 어떨까? 마음으로는 매일 영생의 가치를 그리지만 실제 생활에서는 재물이 우선이 되어 옴짝달싹 못하는 그리스도인이 허다하다.

이 고통스러운 딜레마를 극복하기 위해서는 재물의 용도를 분명히 해야 한다. 세상 사람들이야 자신의 욕망을 채우고 쾌락을 좇기 위해 재물을 사용하지만 그리스도인에게 재물은 영생을 얻기 위한 수단임을 분명히 해야 한다. 땅의 재물을 팔아 하늘의 보화를 사는 것이다. 하나님이 주시기를 원하는 영생을 얻을 수 있어야 그리스도인의 재물이 올바르게 사용되는 것이라 할 수 있다.

세계적인 거부들의 기부금액은 일반인의 상상을 초월한다. 그중에서도 아일랜드계 미국인으로 1988년 「포브스」지 선정 미국 갑부 23위에 오른 척 피니의 이력은 특별하다. 그는 세계에서 가장 큰 면세점 듀티프리쇼퍼즈 DFS 의 공동 창업자이다. 그가 부를 어떻게 이루었는지는 소매 업계에선 비화로 남아 있지만 그가 보여준 기부에 관한 태도는 존경받을 만하다.

그는 자선단체를 통해 주로 익명으로 40억 달러를 기부하였다. 그가 존경 받는 것은 자신은 15달러짜리 플라스틱 시계를 차고 허름한 차림에 싼 음식을 먹으며 이코노미 클래스로 여행을 하지만 거액을 아끼지 않고 기부하는 그의 인격에 감동하기 때문이다. '수의에는 주머니가 없다'는 아일랜드 속담처럼 그의 모든 재산은 이웃과 미래를 준비하는 학생들을 위해 사용될 것이다.

흔히 세금 때문에 기부를 할 수밖에 없다고 말하지만 이것 역시 주위를 돌아보고자 하는 의지가 없다면 결정하기 쉽지 않은 것이 사실이다. 몇 년 전 부동산으로 어마어마한 재산을 모은 한 사업가는 그 재산의

INTO

나눔은 자신을 위한 것

예수께서 이르시되 네가 온전하고자 할진대 가서 네 소유를 팔아 가난한 자들에게 주라 그리하면 하늘에서 보화가 네게 있으리라 그리고 와서 나를 따르리 하시니 _마 19:21_

여기에서 '재산을 팔아 가난한 사람들에게 나누어 주라'고 한 말이 결국 누구를 위해 그렇게 하라고 한 것인가를 생각해 보는 것이 필요하다. 그것은 분명히 가난한 사람을 위해서가 아니라 부자 청년 자신의 영원한 생명을 위해 그렇게 하라고 한 것이다. 따라서 우리는 이 부자 청년의 이야기에서 '사랑은 단지 타인을 위한 행동이라기보다는 자기자신의 구원을 위한 것이다'라는 사실을 확인하게 되는 것이다.

— 장기표의 『사랑의 원리』 중 요약

대부분을 아끼는 애완견에게 물려주고 죽었다. 모든 부자가 기부를 하는 것은 아니다. 아름다운 인격과 섬김에 대한 이해를 동반해야 실천할 수 있는 것이다.

그리스도인의 재물에는 섬김과 나눔이라는 특별한 기능을 포함해야 한다. 예수님의 '재물을 나누어 주고 나를 좇으라'는 분명한 요구에 반응할 수 있어야 한다. 나누어 주라는 예수님의 명령에 세상의 재물이 반응하면 하늘에는 반대급부로 영원한 보화가 쌓인다. 이것이 그리스도인이 재물을 이루는 궁극적인 방법이고 참된 부자로 이 세상을 살아가는 원리이다. 부자 청년이 실패한 것은 하늘의 보화를 팔아 세상의 재물을 샀기 때문이다.

부자 청년의 딜레마에서 벗어나야 한다. 오직 재물을 모든 가치의 척도로 삼는다면 반대로 재물 이외의 모든 가치는 소멸하는 위기를 경험해야 할 것이다.

삭개오의 재물

삭개오가 서서 주께 여짜오되 주여 보시옵소서 내 소유의 절반을 가난한 자들에게 주겠사오며 만일 누구의 것을 속여 빼앗은 일이 있으면 네 갑절이나 갚겠나이다 눅 19:8

부자 중에는 건강하게 부를 형성하여 사회와 소통하며 나누는 부자가 있는가 하면 재산은 많으나 사회에서 고립되어 사는 외로운 부자가 있다. 이 두 가지 부자의 형태는 우리 사회에 엄연히 존재한다. 삭개오는 분명히 후자의 무리에 속하는 부자였다. 그는 사람과 왕래할 수 없었으며 사회에서 자신의 역할을 감당할 수 있는 위치에 있지 않았다.

삭개오는 여리고 지역의 세리장이었는데, 이곳은 상품들이 오고가는 관계로 사람이 모여 관련 상업이 발달한 지역이었다. 특히 발삼나무의 주산지이자 길르앗 지방에서 들어오는 향유를 팔레스타인으로 보내는 곳으로 통관세를 받는 곳이었다. 이러한 환경은 세리장 삭개오가 부자가 될 수 있는 최적의 조건이었다.

성경은 단 한 단어로 그를 '부자'로 표현하고 있지만 실제 그가 가지고 있던 재물의 양은 상상을 초월하였을지도 모를 일이다.

당시 이스라엘을 지배하는 이방인 왕은 최고 입찰자에게 세금 징수권을 위탁하고 있었다. 삭개오는 이렇게 세금 징수권을 산 청부인에 의해 고용된 인물이었다. 이러한 배경으로 세금은 적정치보다 높았던 것이 사실이었고, 그 고통은 고스란히 백성에게 전가되고 있었다.

때문에 부자 삭개오는 외로운 사람이었다. 많은 재산을 가지고 있었지만 세리라는 직업 때문에 그는 동족에게서 고립되었다. 세리는 로마의 협력자였으며 부당하게 과세를 하고 그 일부를 자신의 재물로 축적하는 것이 관행이었기 때문이었다. 이는 삭개오가 많은 재산을 어떻게 모았는지 추측할 수 있게 해 준다.

▌삭개오가 모든 재산을 버린 이유

또한 그는 사회적 위치뿐 아니라 외모에서도 자신감이 떨어지는 사람이었을 것이다. '키가 작은 사람'이라는 성경의 표현은 그가 자신감보다는 열등감이 심한 사람이었을 것임을 짐작케 한다. 그런 외모로 상업의 중심지에서 세리장이 되었다는 것은 머리가 영특하거나 지독하게 일을 열심히 하였거나 둘 중에 하나였지 않았을까? 두 가지 모습 모두 동일하게 동족에게 피해를 주었음은 말할 것도 없다. 그는 아마 부패의 중심에 있는 사람 중 하나였을지 모른다.

이러한 환경에서 삭개오는 더욱 재물에 몰입할 수밖에 없었다. 오직 재물이 자신을 보호해 줄 수 있다고 판단하였기 때문이다.

이처럼 한낱 더러운 것으로 치부될 수밖에 없었던 삭개오의 재물이 사회와 소통하고 나누어지는 재물로 사용될 수 있었던 것은 예수님을 만나면서부터였다.

예수님이 지나가신다는 말에 그는 재물을 많이 가진 부자의 모습도 내팽개친 채 뽕나무 위로 올라갔다. 그의 작은 키로는 예수님을 볼 수 없기 때문이었다. 예수님은 지나가시다 자신이 오른 나무 밑에서 멈추었다. 그리고 자신을 보시고 '네 집에 머물러야겠다'고 말씀하셨다. 그는 심장이 멎는 듯하였다. 그 누구도 상대해 주지 않는 자신의 집에 오겠다는 것이다. 삭개오는 너무 기뻐, 가지고 있는 재물의 반을 가난한 이웃을 위해 줄 것이며 남을 속여 뺏은 재물이 있다면 그것의 네 배를 갚겠다고 약속하였다.

예수님이 요청하지도 않은 질문에 그는 줄줄 자신의 재물을 나누어 주겠다고 약속을 하고 말았다. 자신이 사회에서 고립된 이유가 재물이라고 생각하였기 때문이었을까?

사실상 그의 약속은 세리가 돈을 얻은 방법을 볼 때 전 재산을 내놓겠다는 것과 같다. 부당 과세를 통해 부를 쌓아 왔는데 그의 약속대로

라면 그 재산이 고스란히 없어질 것이었다. 삭개오는 예수님을 만난 후 그 많은 재물을 포기하고 말았다. 그에게 무슨 일이 일어난 것일까?

입이 없는 하루살이와 인간의 냉장고

곤충 중에 하루살이로 불리는 것은 입이 없다. 꼬리 하루살이, 동양 하루살이, 큰 참날개 하루살이 그리고 민날개 하루살이 등 전 세계적으로 하루살이는 약 2,500여 종에 이른다. 이 하루살이들은 이름과는 다르게 보통 하루에서 1주일 정도를 산다.

특이한 것은 하루살이는 성충으로 자라면 모두 입이 퇴화하여 없어진다는 것이다. 입이 있다고 하더라도 수분 정도만 섭취할 뿐이고 먹이는 먹지 못한다. 하루살이는 생존기간 동안 오직 번식 활동에만 매진한다. 모든 하루살이는 이 목적을 이루고 생을 마감하거나 잠자리의 먹이로 사라진다.

그런데 지구상 수많은 동물 중에 오직 사람만 냉장고를 가지고 있다. 냉장고는 내일을 걱정하는 마음에서 만든 도구이다. 그 냉장고에는 오늘 당장 없어도 되는 음식물이 그득 들어 있다. 냉장고의 용량은 더욱 커지고 용도 또한 다양해졌다. 김치 냉장고, 야채 냉장고 심지어 화장품 냉장고까지 생겨났다.

우리는 이런 것을 더욱 진화된 문명을 누리고 있는 것처럼 자랑스러워한다. 그러나 어떤 음식은 채 먹기도 전에 상하고 만다. 넣은 것은 기억하지만 꺼내는 것을 잊어먹는 것은 냉장고의 보존 능력에 대한 맹신 때문이다. 냉장고는 마치 하루하루를 채워 주시는 하나님의 능력에 대한 신뢰를 부패하게 하는 것과 같다.

냉장고로 인해 음식물을 조금 더 안전하게 보관하게 되었는지는 몰라도 옛날 만나로 채워 주시는 하나님의 은혜를 기대하는 마음은 냉장고의 크기와 반비례로 작아지고 있는 것은 아닐까?

하루살이가 입이 필요 없는 것은 음식을 먹을 시간과 여유가 없기 때문이다. 하루살이에게 주어진 시간은 하루에서 길어야 1주일 정도의 시간이다. 살아 있는 동안 먹는 것보다 더 중요한 일을 해야 하기 때문에 입이 필요하지 않다.

그러나 사람은 내일을 두려워하는 마음으로 냉장고를 채우느라 더 중요하고 소중한 것을 보지 못한다. 채워서 썩혀 버리는 한이 있더라도 두려움은 욕심을 다스리지 못한다.

만약 냉장고의 반만이라도 비울 수 있다면 그것은 또 다른 생명을 살린다. 그 냉장고를 비우는 방법은 냉장고의 음식보다 더 중요하고 가치 있는 삶을 찾는 것에 있다. 그것은 나의 냉장고에 들어 있는 것을 나누는 것에 있다. 냉장고를 비우는 것은 재물이 빠져 나가는 것이 아니라 마음의 부를 채우는 것이다. 하나님의 능력이 우리의 삶에 간섭함을 의미하는 것이다. 비우는 만큼 우리의 믿음은 성장한다.

사회에서 고립되어 외로웠던 삭개오는 이러한 진리를 예수님을 통해 알게 되었다. 나누는 것이 더욱 안락한 것이며 소통하는 참된 부자로서 삶이 얼마나 행복한 것인가를 그는 자신의 냉장고를 비움으로써 깨달을 수 있었다.

크리스천에게도 동일한 혜안이 필요하다. 냉장고에 담기만 하는 부자를 넘어서 나누고 섬기는 삶은 입이 없는 하루살이의 삶처럼 신앙에 의지하고 은혜로운 인생을 꾸려가는 풍성함을 맛보게 할 것이다. 성경은 이렇게 말한다.

이제 너희의 넉넉한 것으로 그들의 부족한 것을 보충함은 후에

INTO

사회적 지위와 그리스도인

사회적 관계에 참여하지 않고 나 홀로 경건과 성숙한 기독교인임을 자부하는 자들에게 무엇이라고 말씀하실까? 아마도 하나님은 나홀로 경건이 아니라 우리가 세상에서 그리스도인으로 어떤 모습을 가지고 살아갔는지를 물으실 것이다. 그러므로 그리스도인은 사회적 지위를 쉽게 생각해서는 안 된다.
이것은 하나님이 우리에게 주신 지상 사명의 하나이기 때문이다. 내가 서 있는 사회적 지위에서 경건과 성숙한 그리스도인의 모습을 보일 때 하나님은 우리들을 진실된 당산의 자녀로 바라보기 때문이다. 내가 서있는 사회적 위치에서 성숙한 그리스도인의 모습과 경건을 드러내며 삽시다.

– 신인철 목사 | 성신신학연구소

그들의 넉넉한 것으로 너희의 부족한 것을 보충하여 균등하게 하려 함이라 기록된 것 같이 많이 거둔 자도 남지 아니하고 적게 거둔 자도 모자라지 아니하였느니라 _고후 8:14-15

이것이 바로 그리스도인이 누리는 참된 부의 풍성함인 것이다.

더 보기

부자로 죽는 것은 부끄러운 것이다

미국의 이리 운하는 뉴욕의 허드슨 강과 내륙의 5대호를 잇는 뱃길이다. 총 길이 363마일에 이르는 운하가 완공된 것은 1825년.

당초 30년은 걸릴 것이라는 전망과는 달리 공사는 불과 8년만에 끝났다. 유럽에서 숙련 노동자들을 끌어오고 첨단 기술인 나무뿌리 뽑는 기계가 동원된 덕분이다.

대역사의 주인공은 뉴욕주지사 드위트 클린턴. 극렬한 반대에 부딪혔지만 끝까지 밀어붙였다. 그래서 당시엔 이 운하를 '클린턴의 멍청한 짓Clinton's Folly'이라고 폄하했다. 일부에선 경제적 쓸모가 없다며 '클린턴의 하수구'라고까지 비아냥댔다.

이 뱃길은 그러나 나중에 '돈길'이 된다. 경제의 흐름을 완전히 바꿔놓았기 때문이다. 고속도로나 철도가 없었던 시절이어서 운하는 물류비를 크게 떨어뜨렸다.

맨해튼에 고층 빌딩을 세운 것도 운하 건설에 동원됐던 노동자들이었다. 뱃길 하나가 뉴욕을 세계 금융시장의 메카로 우뚝 서게 한 것이다.

백만장자, 곧 '밀리어네어'란 말이 처음 등장한 것도 그 무렵이다. 기업들이 이민자들의 임금을 착취하고 투기와 조작, 뇌물, 폭리 등 불법의 백과사전이라 할 수 있을 만큼 온갖 수법을 동원해 축재를 했다. 그러나 이들 벼락부자들에 대한 시선이 고울 리 없었다.

분노한 국민들은 이들을 '강도 귀족Robber baron'이라며 손가락질했다. 중세기 라인 강을 건너는 서민들에게 가혹한 세금을 물리고 금품을 빼앗은 영주들을 가리키는 말이었지만 미국의 기업인들이 축재한 수법도 이와 다를 게 없었다.

이처럼 '강도 행위'로 떼돈을 번 기업인은 앤드루 카네기, 존 록펠러, J.P.

모건 등 후세에 길이 이름을 남긴 인물들이 다수 포함됐다. 한마디로 이들은 악덕 기업인의 전형이었던 셈이다.

부도덕한 방법으로 돈을 번 이들 억만장자들은 놀랍게도 훗날 새로운 인생을 산다. 부를 자손에게 대물림하는 대신 사회에 되돌려주는 '나눔'을 실천한 것이다.

카네기와 록펠러는 서로 경쟁하다시피 돈을 풀었다. 미친듯이 돈을 긁어모은 두 사람이 미친듯이 기부에 열을 올렸다고 할까.

카네기는 한 잡지에 기고한 '부의 복음Gospel of Wealth'에서 '부자로 죽는 것은 수치스럽다'며 기업인들의 재산 기부를 강요했다.

요즘도 부자들의 필독서로 꼽히는 '부의 복음'엔 이런 내용도 들어있다.

재산의 세습은 자식들은 물론 사회에도 해악을 끼친다. 상속세는 가장 현명한 형태의 세금으로 무거울수록 좋다.

'강도귀족'들이 축적한 부로 미국은 영국을 누르고 경제대국이 될 수 있었고 또 이들의 전재산 기부로 일류국가로 거듭 태어날 수 있게 됐다.

얼마전 마이크 블룸버그 뉴욕 시장 등 미국의 억만장자 34명이 전 재산의 절반 이상을 사회에 환원하겠다고 밝혀 감동적이다 못해 충격으로 와 닿는다.

이들은 모두 '포브스 400대 부자' 리스트에 올라있는 인물들이다. 지난 6월 빌 게이츠와 워런 버핏이 시작한 '기부서약the Giving Pledge' 캠페인에 동참을 선언한 것이다.

나눔으로 세상을 넉넉하게 채워주는 아름다운 부자들. 이러한 자들은 진정한 부자도 돈을 소유하는 것이 아니라 관리하는 자임을 새삼 깨닫게 한다.

부록

하나님이 주신 재물, 관리하기

- 소득 내역
- 월 지출 내역서
- 자산 내역(펀드)
- 자산 내역(주식)
- 자산 내역(예금/적금)
- 자산 내역(부동산)
- 보장성 보험 내역
- 자산 평가
- 부채 내역 및 상환 순서
- 재정 목표별 준비 금액

성경적 부를 실천하는 첫걸음!

재정관리, 가계부를 기록하듯

일반적으로 소득이 많아야 재산이 는다고 생각한다. 하지만 소득을 어떻게 관리하느냐 하는 것이 더 중요한 자산 증식의 인자이다. 즉, 같은 소득에도 관리를 실패한다면 느는 자산의 크기는 다를 수밖에 없다.

기독교인 가계는 비기독교인의 가계보다 이러한 재정관리 기술의 습득 및 사용하는 데 있어서 매우 서툴고 의외로 낯설어 한다. 나이를 불문하고 직분을 떠나 대부분 이러한 현상을 보인다. 시중에서는 불타나게 팔리는 고금리의 상품일지라도 교회 내에서는 관심이 없다.

재정관리는 큰 부자를 이루는 기술이 아니다. 어려운 것도 아니다. 매일 가계부를 기록하듯 지출을 통제한다면 부족한 재정을 좋은 환경으로 회복할 수 있다. 실제 경험상 모든 가계는 소득의 8% 이상이 누수자금(기록없이 지출되는 돈)으로 없어진다. 크리스첸 가계는 더 많지 않을까?

지출을 통제할 수 있다면 증가도 계획할 수 있다. 기록하지 않기 때문에 가계의 돈이 흘러야 할 길을 알지 못한다. 이 부록은 세밀하지는 않지만 기록의 필요성과 습관을 형성하는 데 도움을 줄 것이다.

효율적인 재정관리가 필요한 가정

* 소득에서 지출을 제하고 남는 돈, 즉 가처분 소득이 마이너스인 가계
* 총 지출 금액에서 부채로 인한 금융 비용이 30%를 넘는 가계
* 저축이 대부분 4-5%대의 은행 예/적금에 한정되어 있는 가계
* 총 자산에서 부채가 차지하는 비율이 20%가 넘는 가계
* 소득에서 저축 금액이 소득의 30%를 넘지 못하는 가계
* 새로운 재정관리가 필요한 신혼 부부
* 재정 목표가 뚜렷하지 않은 가계
* 계획적인 재정관리가 필요하다고 판단 하는 가계

소득 내역

날짜: 단위 : 만원

소득 내역	세 전	세 후	발생주기(월/년/비정기적)
근로소득			
사업소득			
이자소득			
임대소득			
합 계			
월평균금액			

* 소득이 불규칙하거나 년 단위로 발생할 경우 월 평균 금액으로 산출하여 매월 지출과 저축을 관리하는 데 도움이 될 수 있도록 한다.
* 비정기적 소득의 발생 시기는 가능한 정확히 기재하여 관리에 효과를 꾀한다.

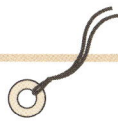

월 지출 내역서

날짜:　　　　　　　　　　　　　　　　　　단위 : 원

항　　목	금　　　액
저축/투자	
고정 비용	
공교육비	
주거비/공과금	
보장성 보험료	
통신비	
금융비용	
십일조/회비	
변동 비용	
생활비	
식료품비	
사교육비	
여가 비용(휴가, 외식비 등)	
통신비/교통비	
합　　계	

* 변액보험등은 투자지출로 분류한다(변액종신보험은 제외).
* 금융비용은 이자와 원리금 상환 비용을 포함한다.
* 고정지출 금액은 늘어나면 줄이기가 쉽지 않다. 늘어나기 전에 관리하는 것이 좋다.
* 이 외에 각 가정의 형편대로 지추 항목을 분류하여 작성한다.

부록 : 하나님이 주신 재물, 관리하기

자산 내역

펀드

날짜: 단위 : 만원

스타일	상품명	총 적립금액	수익률	현재 평가액
성장형				
가치주				
혼합형 또는 채권형				
소득공제				
합 계				

* 스타일은 펀드의 투자 성격 또는 투자 철학을 말한다
* 성장형은 고위험 고수익을 추구하는 펀드 성향이며 가치주는 주로 저평가된 주식을 투자 대상으로 한다. 하나의 펀드에서 성장형과 채권형에 투자하는 것이 혼합형이다.
* 스타일별 전체 투자 금액 대비 비율은 본인의 투자 성향에 따라 비율이 다를 수 있다.

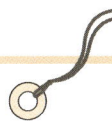

자산 내역

주식

날짜: 　　　　　　　　　　　　　　　　　　　　　　　단위 : 만원

투자 대상	투자 금액	투자 시기	수익률	평가액
합　계				

자산 내역

예금/적금

날짜: 단위 : 만원

은행명	예금	적금	금액	가입일	이자	만기일	예상만기금
합계							

* 예금 적금 해당란에 O표 한다.
* 금액란에 적금은 매월 적립 금액을 예금은 거치금액을 기록한다.

자산 내역

부동산

날짜: 단위 : 만원

용도	면적(제곱미터)	취득일	시가	담보금액	명의
합계					

* 용도는 주택, 상가, 전답, 임야 등으로 구분한다.
* 전세는 전세보증금을 시가란에 기록한다.
* 담보금액은 보유 부동산에 관계된 대출 금액을 기록한다.

보장성 보험 내역

날짜: 단위 : 원

피보험자	보험회사	상품명	월 불입액	가입 일	잔여 불입기간
합계					

* 보장성 보험 즉 종신보험, 변액종신보험, 정기보험, 실손보험(화재보험) 등의 비용을 기록한다.
* 변액유니버셜보험이나 변액연금 등은 투자 상품으로 분류한다.

자산 평가

날짜: 단위 : 만원

* 총자산 금액 :
  총 부채 금액 :
  순자산 금액 :

(총자산은 부채를 포함한 금융 자산, 부동산 자산 등을 포함한 자산가액이며 부채를 차감한 금액이 순자산 금액이다)

* 순 자산 내역별 비율

단위 : 만원

항 목	금 액	순자산 대비 비율
금융 자산		
부동산 자산		

* 금융 자산은 펀드, 주식, 예/적금 그리고 현금 등을 포함한다.
* 순자산 대비 비율은 (금융자산 금액/순자산 금액) X 100으로 표시한다
* 금융 자산은 순 자산 대비 50-60% 선이 적절하다.
* 부동산 자산은 순자산 대비 40-50%선이 적절하다
* 금융 자산 중 투자 자산 비율은 연령이 높을수록 낮게, 젊을수록 높게 유지하는 것이 유리하다. 평균적으로 20-30대는 60-70%, 40-50대는 40-50% 그리고 60대 이후는 30%이하가 안전하다.
* 가계의 총 부채 금액은 전체 자산의 20%를 넘지 않도록 하되 적으면 적을수록 좋다

자산 평가

순 위	재정 목표

* 재정 목표의 예 : 주택 마련, 부채 상환, 교육비, 노후준비, 여행 경비, 창업 비용, 유학 자금, 공방, 기타 목돈 마련
* 재정 목표에 포함해야 할 것 : 자금의 목적, 금액, 준비 기간을 포함하여 구체적으로 작성한다

* 작성 요령
 1. 가계의 가장 중요한 가치 순서대로 순위를 정한다.
 2. 근로 기간을 예상하여 준비 기간을 감안한다.
 3. 매월 각 목표를 위해 준비해 나가는 데 있어 우선 순위 3개 정도의 목표에 대해 적립 금액을 각각 달리하여 동시에 준비하도록 한다.

부채 내역 및 상환 순서

날짜:　　　　　　　　　　　　　　　　　　　　　　　단위 : 원

금융회사	이자율 및 금액	부채 발생일	원리금	만기	상환조건	상환순서	비용 합계
	/						
	/						
	/						
	/						
	/						
	/						
	/						
	/						
	/						
	/						
	/						
	/						
	/						
	/						
합 계							

* 적용받는 이자와 월 부담 이자 금액을 기록한다.
* 상환일은 매월 납입하는 날짜를 기록한다.
* 상환 조건은 분할상환인지 만기 일시납상환인지 기록한다.
* 상환 순서는 우선 상환하고자 하는 순서를 기록하되 이자가 높고 금액이 적은 순으로 정한다.
* 비용 합계는 각 부채 항목당 이자금액과 원리금 등 부담하는 비용의 총 합계를 기록한다.

부록 : 하나님이 주신 재물, 관리하기

재정 목표별 준비 금액

날짜: 단위 : 원

순위	재정 목표	투입 금액(월/목돈)	예상 수익률	가입 시기	불입/거치기간	만기 예상 금액
월 불입금액 합계 :			총 거치 금액 합계 :			

* 각 항목별 투입 금액은 월소득에서 지출을 제하고 남는 금액, 즉 가처분 소득 범위에서 적절하게 분산하여 불입한다.
* 불입 기간이 긴 것은 금액을 조금 적게, 짧은 것은 조금 많게 적립하여 운용에 부담이 없도록 한다.
* 총거치 금액은 목돈으로 투자할 때 투입 금액 총 합계 금액을 말한다.
* 재정 목표별 필요하다고 판단되는 금액은 예상 수익률이나 이자로 역산하여 준비해야 할 금액을 산정할 수 있다.

강같은평화의 샘솟는 기쁨이 되는 책

맛있는 성경이야기
- 예수와 함께하는 식탁

유재덕 지음 | 314쪽 | 값 15,700원

성경 속 음식문화로 누리는 성경통독의 기쁨!
성경 속 음식문화를 성경의 기록, 레시피와 인물을
연계해서 흥미롭게 엮어냈다
_곽선희 목사 | 소망교회 원로목사 추천

아이티, 나의 민들레가 되어 줘
-시테솔레이의 기적, 알려지지 않은 이야기

정화영 글 사진 | 234쪽 | 값 12,000원

기적처럼 찾은 아이티, 몸과 마음으로 사랑한 이야기
저자, 백삼숙 선교사, 아이티인들이 서로 사랑하는 느낌이다.
_이태형 기자 국민일보

한번 안아 주세요
- 새벽을 여는 묵상 61가지

박유주 지음 | 292쪽 | 값 12,000원

행복한 기독교 영성으로의 초대, 영혼의 허기를 채워주는 책
삶을 그대로 녹여 놓은 살아있는 감동의 이야기를 전한다.
_김득중 총장 | 전 감리교신학대학교 총장, 현 안산대학 총장 추천

희망을 마케팅하라
- 일과 삶, 희망은 주님이 주신 선물

맹명관 지음 | 238쪽 | 값 13,000원

'막 쪄낸 찐빵' 보다 더 따뜻한 맹사부의 희망스케치!
『스타벅스 100호점의 비밀』의 저자의 '청년정신'

강같은평화의 샘솟는 기쁨이 되는 책

성경태교동화
– 성품 좋은 아이로 키우고 싶어요!

오선화 글 김은혜 그림 | 값 15,000원

성령의 아홉 가지 성품을 위한 입말체 구연동화, 국내 최초 기획
태아교육사역팀장인 저자가 눈물과 감동으로 기획 집필한 책
_곽주환 목사 | 베다니 교회 담임, 감리교신학대학원 겸임교수 추천

대한민국 기독문화유산 답사기
– 한국 근대사 속 기독교회사 더불어 읽기

유정서 지음 | 값 13,500원

오늘, 어떻게 살 것인가를 알려주는 믿음의 기록!
한국 근대사 속 기독교 전래와 순교의 역사를 아우르는 순결한 시선
_임상선 박사 | 동북아역사재단

세계로 통하는 자녀, 성경으로 키워라
– 내 아이 제대로 키우는 성경학습법!

차영회 지음 | 값 12,000원

성공하는 성경적 자녀교육의 변화되는 이야기, 그 적용과 실제
자녀교육에 대한 위안과 방법을 제시하는 처방전
_김의원 박사 | 백석대학교대학원 학사부총장

새벽기도하는 CEO
– 성공한 CEO 12명의 기도응답, 함께하시는 하나님 이야기

박찬호 · 구자천 지음 | 값 12,000원

그들의 성공은 새벽으로부터 시작되었다!
기도의 기적을 증거하는 놀라운 은혜, 감동 스토리
_이찬수 목사 | 분당우리교회 담임

말씀을 실천하는
참된 십일조 부자

초판1쇄 인쇄 | 2010년 11월 25일
초판1쇄 발행 | 2010년 11월 30일

지은이 | 이성준
발행인 | 김동영
펴낸이 | 강영란

편집 | 김준영
디자인 | 김상중, 노영현
제작 | 시명국, 구본성
마케팅 | 조광진, 박현경, 최금순, 배병철

펴낸곳 | 강같은평화
주소 | 128-840 서울시 마포구 동교동 165-1 미래프라자빌딩 11층
전화 | 편집부(직통)070-4010-2035, 총무부(02)325-6047~8
팩스 | 주문(02)2648-1311(총무부)

발행처 | 이지북
출판등록 | 2000년 11월 9일

ISBN 978-89-5624-349(03320)

강같은평화는 이지북의 기독출판 브랜드입니다.

* 책값은 뒤표지에 있습니다.
* 잘못 만들어진 책은 바꿔드립니다.